山本五十六がアジアを解放した

安濃 豊

はじめに

山本五十六という軍人はその悲劇的とも言える戦死と、その業績を称えるための国葬を終えたことで、多くの人士が偉勲を称え、生い立ちを著し、遺言集に言葉をまとめ、乃木や東郷のような偉人として描かれてきた。しかしその一方で、凡将愚将と罵る者、はたまた国家を敗北へと追い込んだ国賊・奸物と決めつける者まで現れている。このような混乱はなぜ生じるのであろうか。

敵対国である連合国の様子を見ると、我が国とは大きく異なることが見て取れる。米海軍の将官たちには、ごく一部を除き、戦後愚将と罵られる者を見てとることはできない。勝ち戦では並みの凡将でも名将と呼ばれると言うが、まさにその言葉は適格であると言わざるを得ない。

旧敵国である米軍の各将官については後ほど具体的に吾輩（以後、著者を吾輩と呼称する）独自の評価を書き記す。それを読めば、評価というものが何を基準にするのか、視点により大きく変わることを示すことができるであろう。

一体あの戦争は何のための戦争であったのか、戦争目的は何であったのかによって、戦争への評価どころか勝敗まで逆転してしまう。当然のことながら、司令官たちへの評価も変わる。それゆえ、最初に抑えておかなくてはならない点、それは戦争目的は何であったのかという点である。

バラク・オバマもカマラ・ハリスも大東亜戦争の申し子である

吾輩は今まで何度も主張してきたが、大東亜戦争をより正確に表現するならば、「大東亜解放戦争」が正しい呼称であると考えている。この戦争史観を吾輩は「戦勝アジア解放史観（安濃史観）」と呼んでいる。戦勝アジア解放史観から山本五十六を評価するなら、山本は紛れもなく、大東亜戦争中に指揮を執った彼我の将官の中では最優秀と評価せざるを得ない人物である。なぜなら山本の作戦立案能力と実行力によってアジアは白人による植民地支配から解放されたからである。アジアの解放は中東アフリカの解放へ波及し、アフリカの解放はアメリカ黒人の解放へ、そして黒人大統領オバマの誕生へと帰結する。そして本書執筆中の令和六年八月現在、インド人と黒人のハーフであるカマラ・ハリス女史が次期米大統領選挙を闘っている。もしも日本が大東亜戦争を闘わなかったのなら、カマラの母親が米国へ留学することは不可能であった。なぜなら植民地の少女が自由に外国へ渡航するなどということはあり得なかったからだ。

オバマもカマラ・ハリスも大東亜戦争の申し子なのである。大東亜戦争がなければ、オバマもハリスもこの世に生まれていなかった。

敵国の大統領まで有色人種にしてしまった戦争の結果が敗戦であるはずはない。なぜなら、戦争目的であった有色人種の解放、人種差別の廃止を実現しているからだ。

前述した山本五十六評価の混乱の原因を探るため、過去に出版された書籍を検証し、論評し、山本への評価を確定することが本書執筆の目的である。

本書で論評する既存の山本五十六解説本（以後過去本と称する）を以下に示す。

＊『連合艦隊司令長官 山本五十六』（著者：半藤一利、文藝春秋）
＊『山本五十六の戦争』（著者：保阪正康、毎日新聞出版）
＊『山本五十六の生涯』（著者：工藤美代子、幻冬舎文庫）
＊『太平洋の巨鷲』（著者：大木毅、角川新書）
＊『米内光政と山本五十六は愚将だった』（著者：三村文夫、テーミス）

その他の本については、山本五十六を肯定的にとらえる本も否定的にとらえる本も内容に差異はないので論評から外すこととする。

本書では最初に戦勝アジア解放論を理解してもらう必要がある。戦勝アジア解放論とは、「大東亜戦争とはアジア植民地解放戦争であり、戦勝国は日本である」とする歴史論である。戦勝アジア解放論を理解していただくことが本書読解の肝となるゆえ、なるべくわかりやすく解説するつもりである。

本書では第一～六章にかけて戦勝アジア解放論（安濃史観）を解説する。

次に戦勝アジア解放論を腑に落とした上で、既存の山本五十六解説本（以後過去本と称する）を論評する。

それでは、戦勝アジア解放論（安濃史観）という視点から連合艦隊司令長官、山本五十六を視ていくと、どの様な結論となるのか、まずは「戦勝国」の定義から考察を進めよう。

山本五十六がアジアを解放した◎目次

第九章　定番なる戦争観のデタラメ

第十章　暗号解読の結果、山本搭乗機を待ち伏せ撃墜したという捏っち上げ

第一章　戦勝国とは

戦勝国であることの定義とは

戦勝アジア解放論に触れるのは本書が初めてという読者のために、あらかじめ戦勝アジア解放論についてその概要を解説しておく。最初に理解しなくてはならないこと、それは何を以って戦勝国、あるいは、敗戦国であると規定するのかという、その定義である。

最初に戦勝敗戦の定義について考察する。

「戦争というものは外交目的を達成することを目的として行われる外交手段のひとつである」としたのはナポレオン戦争時代にプロイセンの軍事学者であったカール・フォン・クラウゼビッツである。

彼の理論によれば、戦争の勝敗は戦争目的を達成しているかどうかで決することになる。これはクラウゼビッツの著書『戦争論』に記述してあると紹介されることが多いが、正確には戦争論にそのような記述はない。しかし、「戦争とは外交の一手段である」という記述があり、その記述から、「戦争という外交手段により外交目的を達成した国が目的達成国＝戦勝国となる」と導かれる結論である。

戦争目的を達成することが戦勝国となることへの条件であるなら、次の判定結果も可能となる。

1　たとえ戦場で見た目は負けていたとしても、実質的に戦争目的を達成しているなら、その国を戦勝国と認定しなくてはならない。

2　戦場では引き分けという結果に終わっていても、戦争目的を達成している国を戦勝国と認定しなくてはならない。

3　何らかの事情でわざと負けたことにした国であっても、戦争目的を達成しているのなら、その国を戦勝国と認定しなくてはならない。

1、2、3などの判定結果がクラウゼビッツの理論から導き出されるが、大日本帝国の場合は3に該当すると吾輩は考える。

大日本帝国における「何らかの事情」とは、人類を滅亡させる可能性が高い核戦争の継続拒否と核兵器を使用不可兵器とするための偽装敗戦＝終戦である。

戦勝国が戦後秩序、戦後体制を作る

ここで吾輩はもうひとつの勝敗定義論を提案したいと思う。それは、戦勝国が戦後秩序、戦後体制を作るという現実である。この定義論は吾輩のオリジナルで、大東亜戦争後の世界秩序形成にヒントを得て見いだした法則である。

戦争目的を達成して戦勝国となったのに、戦後体制を作れなかったどころか、既存の世界体制の維持もできなかった国家も歴史には存在する以上、戦争目的達成のみを戦勝条件とするのは困難である。次に、かかる視点から大東亜戦争を分析しよう。

大東亜戦争で欧米各国は、日本軍による植民地解放を阻止することが戦争目的であった。しかし、この戦争目的は達成されず、開戦中にマレー半島以外の欧米植民地、すなわち、ミャンマー、自由インド、仏領インドシナ三国、蘭領東インド（インドネシア）、米領フィリピンは昭和十八年から二十年にかけて日本軍により独立させられた（インドネシアは昭和二十年八月十七日独立宣言、一九四九年十一月独立）。

米英仏蘭はその植民地防衛という戦争目的を達成できなかったから、その見かけは戦勝国に視えるが、実質的には敗戦国と認定されることに疑いの余地はない。その一方で植民地解放という戦争目的を達成した大日本帝国は実質戦勝国として認定されることにも疑いの余地はない。

次に戦後体制を作ったのは、見かけ戦勝国で実質敗戦国である米英仏蘭であるのか、大日本帝国であるのかという点について考察してみよう。

戦後の世界体制は人種平等、民族自決、反植民地主義で統一されており、その現状を見る限り、戦後世界秩序を形成させたのは欧米白人植民地を独立させた大日本帝国であり、白人帝国主義国家ではない。この観点からも戦勝国は大日本帝国という結論に達する。

戦勝国と称しながら、戦後体制を構築できなかった国

「戦勝国と称しながら戦後体制を構築できなかった国はあるのだろうか?」という疑問が呈せられるならば、その答えは中華民国蔣介石政権であると応えることになる。

蔣介石の戦争目的は日本軍のシナ大陸からの放逐であったから、米英に頼るという他力本願ではあったが、日本軍の追放に成功したことは間違いない。

蔣介石は一見すると戦争目的を達成した戦勝国にも視えるが、戦後体制を構築できたかという「安濃戦勝基準」に照らし合わせると、戦勝国には合致しない。

蔣介石はシナ大陸において戦後体制を構築できず、台湾へ逃亡した。シナ大陸において戦後体制を構築したのは毛沢東率いるシナ共産党である。それゆえ、蔣介石中華民国は、「戦争目的を達成はしたが、戦後体制を構築できずに放棄させられた」という意味において敗戦国と判定される。

第二章　戦勝国は日本だった

宣戦布告

宣戦布告書に開戦目的が書かれていたなら、書かれていることが戦争目的であるとすることに読者諸兄も異存はあるまい。はたして大東亜戦争には宣戦布告書は存在したのであろうか。

この疑問は戦後の日本保守論壇を悩まし続けてきた。ある論者は「開戦の詔書が宣戦布告書である」と論じ、ある論人は「ワシントン（華盛頓）で真珠湾奇襲開始直後に手交された最後通牒が宣戦布告書である」と論じた。しかしこれらの説はいずれも本質から逸脱している。その理由は以下の通りである。

開戦の詔書

詔勅とは天皇が臣民に対し与えるのであって、諸外国へ向けて発せられるものではない、ましてや、敵国に向かって発せられるものでもない。ゆえに詔勅が宣戦布告書となることはあり得ないのである。実際、開戦の詔書には、臣民に対し銃後の守りを固めることを望み、戦争を開始した理由は自存自衛を確保するためであるとしか書かれていない。日本軍がなぜ東南アジア地域、シドニー湾、マダガスカル、アリューシャン、オレゴン、カリフォルニアまで遠征しなくてはならないのか、その理由は書かれていないのである。自存自衛が目的なら、これほどの遠隔地まで軍を派遣する必要などない。日本列島周辺で米海軍を壊滅させ和平に持ち込めば事足りたはずである。

最後通牒

真珠湾攻撃開始から一時間遅れてハル国務長官に手交された最後通牒が宣戦布告書であり、その手交が攻撃開始後であったため、「卑怯なる騙し討ち」となり、米国民を激怒させることになったという指摘があるが、これは間違えている。ハル国務長官に手渡されたのは最後通牒であって、宣戦布告書ではない。その最後通牒は、昭和十六年春以来継続してきた日米交渉を取りやめとするという通知であって、戦端を開くという通知ではない。最後通牒というものは、外交的には外交要求を相手国に一方的に通告することにより、以後の交渉は行わないことを表明するものである。ただし、交渉を破棄して宣戦するということも多々あるから、宣戦布告に準ずる宣告という性格も有する。

交渉を中断するという通知が必ず開戦を意味するというわけではない。交渉中止を決めたからと言って、未来永劫交渉再開は絶対にないということにはならない。

交渉中止の申し入れ書にすぎなかった最後通牒を宣戦布告書であったと捏っち上げたのは米国側であろう。米国白人は「日本人は騙し討ちをする卑怯な国民である」と吹聴するため、最後通牒を宣戦布告書に偽装したのである。最後通牒が宣戦布告書でなかったこと、それは当時日本政府が「別立てで宣戦布告書を発出していた」ことからも明らかである。

宣戦布告書の発掘

帝国政府声明という宣戦布告書

前項で「別立てで宣戦布告書を発出していた」と述べたが、その別立てが帝国政府声明である。昭和十六年十二月八日午後〇時二十分、大日本帝国政府はマレーコタバル上陸、真珠湾奇襲から十時間後に世界に向けて政府声明文を発表した。

この帝国政府声明は、前日の十二月七日午後に閣議決定し、同日夜に宮中にて昭和天皇の裁可を得て翌日に発表されたものである。

資料1は大東亜戦争開戦日である昭和十六年十二月八日発行（発行日付は十二月九日）の朝日新聞夕刊第一面である。

日本人の多くは十二月八日は記憶に残していても、当日の新聞紙面を読み直す人は極めて少ないであろう。歴史を再検証するとき、新聞は貴重な資料となる。それでは開戦当日の新聞を読み直してみよう。

紙面の最後段に目を遣ると、「帝国政府声明」が記載されている。ここに、アジア解放宣言が書き込まれていたのである。詳細については後述する。

「而して、今次帝国が南方諸地域に対し、新たに行動を起こすのやむを得ざるに至る、なんらその住民に対し敵意を有するものにあらず、只米英の暴政を排除して、東亜を明朗本然の姿に復し、相携えて共栄の楽を分かたんと祈念するに外ならず。帝国は之ら住民が我が真意を諒解し、帝国と共に、東亜の新天地に新たなる発足を期すべきを信じて疑わざるものなり」

わかりやすく書き直すと次のようになる。

「そのため、今回帝国は東南アジア地域に武力進攻せざるを得なくなったが、それは決し

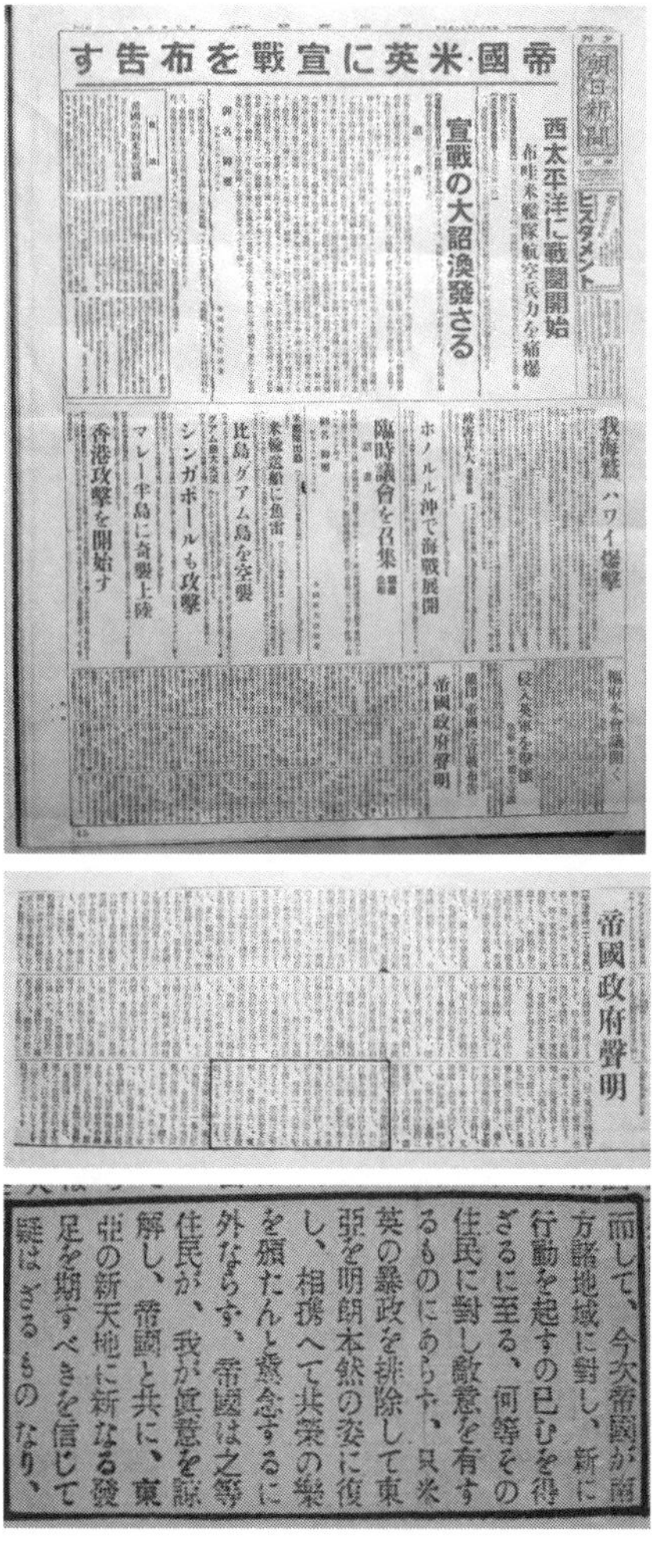
朝日新聞
帝國・米英に宣戰を布告す
西太平洋に戰鬪開始
布哇米艦隊航空兵力を痛爆
宣戰の大詔渙發さる
我海鷲ハワイ爆撃
ホノルル沖で海戰展開
臨時議會を召集
米輸送船に魚雷
比島グアム島を空襲
シンガポールも攻撃
マレー半島に奇襲上陸
香港攻撃を開始す
帝國政府聲明

帝國政府聲明

而して、今次帝國が南方諸地域に對し、新に行動を起すの已むを得ざるに至る、何等その住民に對し敵意を有するものにあらず、只米英の暴政を排除して東亞を明朗本然の姿に復し、相携へて共榮の樂を頒たんと冀念するに外ならず、帝國は之等住民が、我が眞意を諒解し、帝國と共に、東亞の新天地に新なる發足を期すべきを信じて疑はざるものなり、

資料１
昭和 16 年 12 月 8 日発行（発行日付は 12 月 9 日）の朝日新聞夕刊第一面

て東南アジア住民に対して敵意を持つからではない。ただ、米英から東南アジア住民に対し加えられてきた暴政を排除し、東南アジアを白人によって植民地化される前の、明白なる本来在るべき姿へ戻し、ともに協力して繁栄することを願うからである。大日本帝国は東南アジアの住民たちがこの戦争目的を了解し、東亜に新たなる政治経済体制の構築を目指し共に行動することを疑わない」

平たく言えば、「アジアを白人植民地から解放して、白人が支配する前の状態に戻す。即ち独立国家とする」と言っているわけである。

ここで注目すべきは、この〝アジア解放宣言〟において東南アジアの人々を「住民」とし「国民」とはしていないことである。その理由は明白で、当時東南アジアにタイ王国国民以外に「国民」など存在しなかったからである。タイ王国以外の現地住民は「植民地の住民」だったのである。

下記は上記原文を吾輩が読み下し文に変換したものである。

【帝国政府声明　午後　零時二十分發表】

恭しくも陛下より米英に対する宣戦の大詔が発せられたので、大日本帝国政府は国の内外に対し次の政府声明を発表する。東亜の安定を確保し、世界平和に貢献するのは、大日本帝国の不動の国是であり、それを実現するため大日本帝国は列国との友好を最優先してきた。

しかしながら、蔣介石国民党政府は、いたずらに外国勢力と徒党を組んで、我が国に敵対し、その結果、支那事変の発生を見た。しかしながら、蔣介石の反発にも拘わらず、陛下の御威光により、大日本帝国陸海軍の向かうところに敵は無く、支那の重要拠点は、ことごとく大日本帝国陸海軍の占拠するところとなり、大日本帝国と志しをおなじくする人々により、南京に国民政府が樹立され、その支那国民政府と大日本帝国は、現在友好関係にあるのみならず、十一ヶ国もの諸国が支那国民政府を支那に於ける正当政府として承認している。そして、これに敵対する蔣介石の重慶政権は、支那の奥地で無駄な抵抗を続けるのみとなってしまった。

こうしてようやく支那に平和が戻ろうとしている情況ができつつあるのに、米英両国は東亜を永久に隷属的地位に置こうとする頑迷な態度を改めていない。それどころか、米英両国は奸計を労して支那事変の終結を妨害し、オランダをそそのかし、フランスに脅威を与え、大日本帝国とタイ国との親交までも妨害してきた。その目的は、大日本帝国とこれら東亜の南方諸国との共存共栄の道を阻害することである。

こうした米英両国の動きは、大日本帝国を敵視し攻撃しようとするものであるが、今回、米英は「経済断交」という暴挙を行うに至った。国家間において「経済断交」というのは、宣戦布告に匹敵する敵対行為であり、国家としてそれを黙認できるものではない。しかも米英両国は、さらに他の国々を誘い込み、大日本帝国の周辺で武力を増強し、大日本帝国の自立に重大な脅威を与えている。

大日本帝国政府はこれまで、上に述べたよう米英が大日本帝国の存立と東亜諸国の安定とに対して重大な脅威を与えて来ているにもかかわらず、太平洋の平和を維持し、全人類に戦禍の波及することがないよう堪忍自重し、米国と交渉を重ね、背後にいる英国並びに米英両国に附和雷同する諸国に反省を求め、大日本帝国の生存と権威の許す限り、互譲の精神をもって事態の平和的解決に努めてきた。しかし、米国はいたずらに空虚なる原則を弄び、東亜諸国の現実を認めず、大日本帝国の真の国力を悟ろうともせず、武力による脅威を増大させ、大日本帝国を屈服させようとしてきた。その結果、大日本帝国は、平和的解決手段を全て失う事となった。

東亜の安定と帝国の存立とは、今まさに危機に瀕している。それ故米国及び英国に対し宣戦の詔書が発せられたのである。詔を承り、まことに恐懼感激に堪えないものがある。

帝国臣民は、一億鉄石の団結で決起勇躍し、国家の総力を挙げて戦い、東亜の禍根（白人支配）を永久に排除、聖旨にこたえ奉るべき状況となった。

世界各国が各々その所を得るべしという詔は、日星の如く明らかである。

大日本帝国が日満華三国の提携によって共栄の実を挙げ、進んで東亜諸国の興隆の基礎を築こうとしてきた方針は、もとより変るものではない。また大日本帝国は、志を同じくするドイツ、イタリア両国と盟約し、世界平和の基調を糾すべく新秩序の建設に邁進する決意をますます強固にしている。

今回帝国は東南アジア地域に武力進攻せざるを得なくなったが、それは決して東南アジア住民に対して敵意を持つからではない。ただ、米英から東南アジア住民に対し加えられてきた暴政を排除し、東南アジアを白人によって植民地化される前の、明白なる本来在るべき姿へ戻し、ともに協力して繁栄することを願うからである。大日本帝国は東南アジアの住民たちがこの戦争目的を了解し、東亜に新たなる政治経済体制の構築を目指し共に行動することを疑わない。

今や大日本帝国と東亜の興廃は、この一挙にかかることとなった。全国民は、このたびの戦いの原因と使命に深く思いを馳せ、けっして驕ることなく、また怠ることなく、よく尽くし、よく耐え、それによって私たちの祖先の遺風を顕彰し、困難にあったら必ず国家興隆の基を築いた父祖の光栄ある歴史と業績と雄渾深遠なる陛下の統治を思い、万事にわたってソツがないようにすることを誓い、進んで戦争の目的を完遂し、陛下の御心を永遠に安んじ奉ることを期待する。

第一章にて昭和十六年十二月八日以前にアジア欧米植民地の解放が大日本帝国政府によって明言されていたなら、大東亜戦争によるアジア解放は後づけや結果論ではなく、先づけ論であり、開戦目的がアジア解放であったことを証明すると述べたが、帝国政府声明こそ、その明確なる証明である。

開戦の日に開戦目的を記述した政府声明が発表され、そこにアジアの解放が目的であると記されている以上、大東亜戦争の戦争目的はアジアにおける欧米白人植民地の解放であったと断定せざるを得ない。

アジア解放を記した帝国政府声明の全文は昭和十六年十二月八日の夕刊各紙に掲載されたが、それは全国紙に限られていたようで、地方紙には要約文が掲載されたようである。

新聞記事など一次資料にはなり得ず、二次資料に過ぎないと批判する者がいる。中には新聞社が勝手に捏っち上げた記事に過ぎないと決めつける者まで存在する。朝日、読売、毎日（当時は日々）の各紙に同一の文章が掲載されたのが、それでも新聞各紙が捏造したと言うのであろうか。もし、新聞社が勝手に政府声明を捏造したら、公文書偽造で捕まるどころか、不敬罪で捕まったことであろう。なぜなら政府声明とは閣議決定ののち天皇のご裁可を得て初めて公開れるものであるからだ。

国会図書館に保存されている帝国政府声明原本（資料2）を提示する。この原本の存在から新聞各社による帝国政府声明記事が新聞社による捏造でないことは明らかだ。

この帝国政府声明は昭和十六年十二月八日開催された枢密院においても満場一致で可決されている。

当日の議事は次の通り。

昭和十六年十二月八日

帝國政府聲明

恭しく宣戰の大詔を奉戴し茲に中外に宣明す、抑々東亞の安定を確保し、世界平和に貢獻するは、帝國不動の國是にして、列國との友誼を敦くし此の國是の完遂を圖るは、帝國か以て國交の要義と爲す所なり、然るに、殊に中華民國は、我か眞意を解せす、徒らに外力を恃んで、帝國に挑戰し來り、支那事變の發生を見るに至りたるか、御稜威の下、皇軍の向ふ所敵なく、既に支那は、重要地點悉く我手に歸し、同憂具眼の士國民政府を更新して帝國は之と善隣の誼を結ひ、友好列國の國民政府を承認するもの已に十一ヶ國の多きに及ひ、今や重慶政權は、奥地に殘存して無益の抗戰を續くるに過きす、然れとも英米兩國は東

0761

亞を永久に隷屬的地位に置かんとする頑迷なる態度を改むるを欲せす、百方支那事變の終結を妨害し、更に蘭印を使嗾し、佛印を脅威し、帝國と泰國との親交を裂かむか爲め、策動至らさるなし、乃ち帝國と之等南方諸邦との間に共榮の關係を増進せむとする自然的要求を阻害するに寧日なし、その状恰も帝國を敵視し帝國に對する計畫的攻撃を實施しつつあるものの如く、遂に無道にも、經濟斷交の擧に出つるに至れり、凡そ交戰關係に在らさる國家間に於ける經濟斷交は武力に依る挑戰に比すへき敵對行爲にして、それ自體默過し得さる所とす、然も兩國は更に與國を誘引して帝國の四邊に武力を増強し、帝國の存立に重大なる脅威を加ふるに至れり

帝國政府は、太平洋の平和を維持し、以て全人類に戰禍の波及するを

0762

防止せんことを顧念し、叙上の如く帝國の存立と東亞の安定とに對する脅威の激甚なるものあるに拘らす、隱忍自重八箇月の久しきに亘り米國との間に外交々渉を重ね、米國とその背後に在る英國並ひに此等兩國に附和する諸邦の反省を求め、帝國の生存と權威との許す限り、互讓の精神を以て事態の平和的解決に努め、盡す可きを盡し、爲す可きを爲したり、然るに米國は、徒らに空疎なる原則を弄して東亞の明々白々たる現實を認めす、その物的勢力を恃みて帝國の眞の國力を悟らす、與國とともに露はに武力の脅威を増大し、以て　帝國を屈從し得へしとなす、かくて平和的手段により、米國ならひにその與國に對する關係を調整し、相携へて太平洋の平和を維持せむとする希望と方途とは全く失はれ、東亞の安定と帝國の存立とは方に危殆に瀕せり、事茲に至る、遂に米國及ひ英國に對し宣戰の大詔は渙發せられたり、聖

0763

旨を奉體して洵に恐懼感激に堪へす、我等臣民一億鐵石の團結を以て蹶起勇躍し、國家の總力を擧けて征戰の事に從ひ、以て東亞の禍根を永久に芟除し聖旨に應へ奉るへきの秋なり、

惟ふに世界萬邦をして各々その所を得しむるの大詔は、炳として日星の如し、帝國か日滿華三國の提携に依り、共榮の實を擧け、進んで東亞興隆の基礎を築かむとするの方針は、固より渝る所なく、又帝國と志向を同しうする獨伊兩國と盟約して、世界平和の基調を劃し、新秩序の建設に邁進するの決意は、愈々牢固たるものあり、而して、今次帝國か南方諸地域に對し、新に行動を起すの已むを得さるに至る、何等その住民に對し敵意を有するものにあらす、只米英の暴政を排除して東亞の明朗本然の姿に復し、相携へて共榮の樂を頒たんと冀念す

0764

資料２　帝国政府声明原本

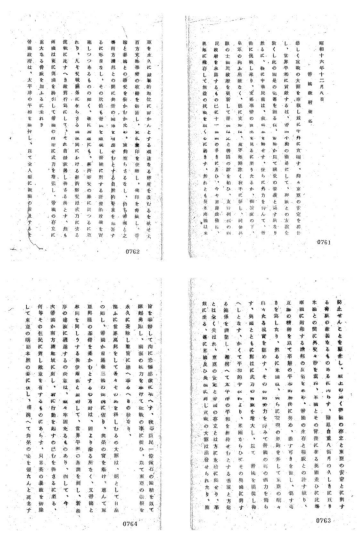

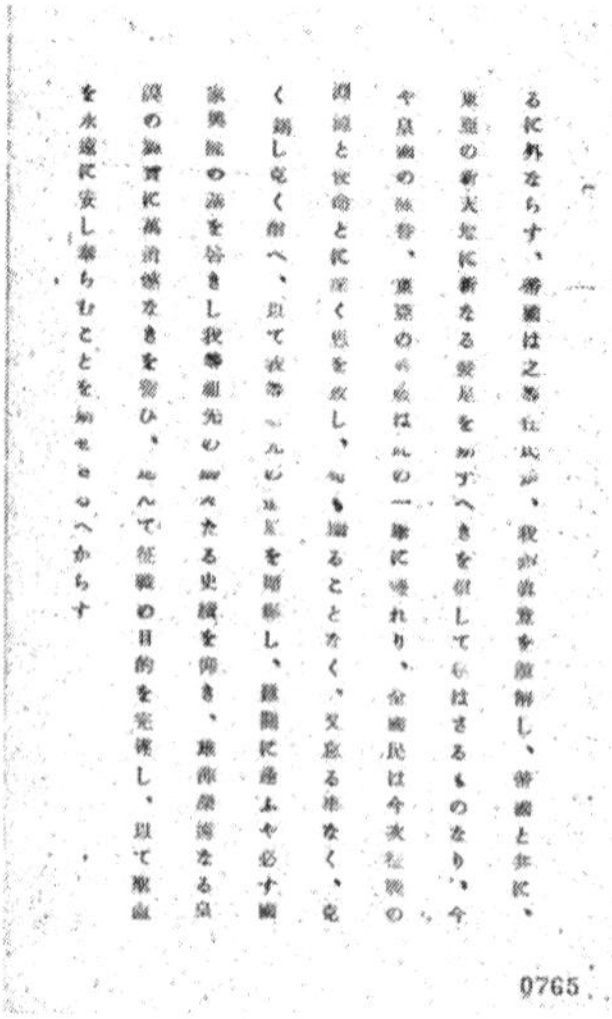
るに外ならず、帝國は之等住民が、我が真意を諒解し、帝國と共に、
東亞の新天地に新なる發足を期すべきを信じて疑はざるものなり。今
や皇國の隆替、東亞の興廢は此の一擧に懸れり。全國民は今次征戰の
淵源と使命とに深く思を致し、苟も驕ることなく、又怠ることなく、克
く竭し克く耐へ、以て我等祖先の遺風を顯彰し、難關に逢ふや必ず國
家興隆の基を啓きし我等祖先の輝かしたる史績を仰ぎ、雄渾深遠なる皇
謨の翼賛に萬遺憾なきを誓ひ、進んで征戰の目的を完遂し、以て聖慮
を永遠に安し奉らむことを期せざるべからず

0765

国立国会図書館の
帝国政府声明原本

昭和十六年十二月八日　枢密院會議議事要録より

一、御詔勅
二、六月二十一日附け米国案及九月二十五日附日本案比較表
三、對米英蘭蔣戦争終末促進に関する腹案（十一月十三日）
四、南方占領地行政実施要領（十一月二十日）
五、十二月八日枢密院會議議事要録
六、枢密院に於ける外務大臣説明（十二月八日）
七、日米交渉経緯公表（十二月八日公表）
八、帝國政府聲明公表（同）
九、東條総理大臣放送（十二月八日）
十、東郷外務大臣就任當時ヨリ開戦ニ至ル動静日誌

参考：枢密院とは

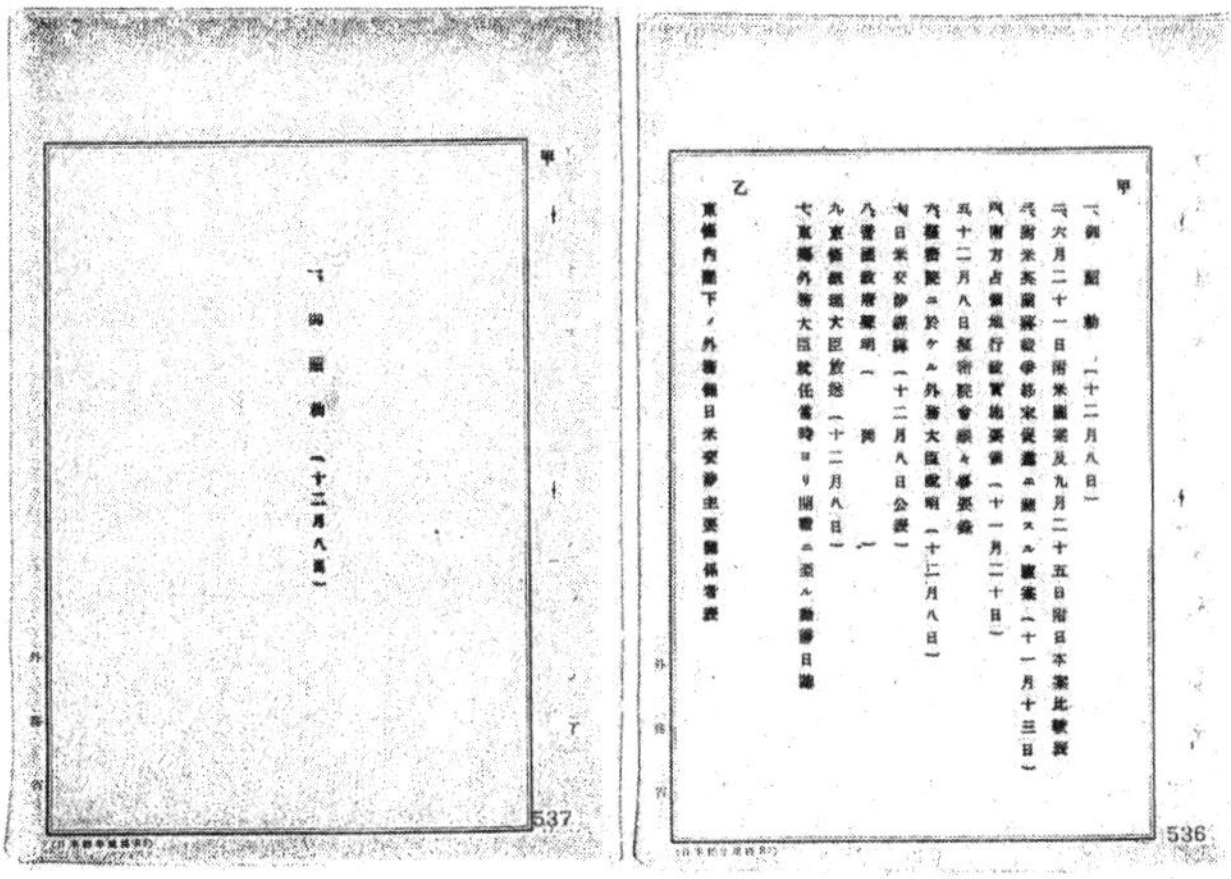

甲

一、御詔勅（十二月八日）

二、六月二十一日附米國案及九月二十五日附日本案比較表

三、對米英蘭戰爭終末促進ニ關スル腹案（十一月十三日）

四、南方占領地行政實施要領（十一月二十日）

五、十二月八日樞密院會議々事要錄

六、樞密院ニ於ケル外務大臣說明（十二月八日）

七、日米交渉經緯（十二月八日公表）

八、帝國政府聲明（　同　）

九、東條總理大臣放送（十二月八日）

十、東鄕外務大臣就任當時ヨリ開戰ニ至ル動靜日誌

乙

東條內閣下ノ外務省日米交渉主要關係書類

外務省　536

一、御詔勅（十二月八日）

外務省　537

資料3　昭和16年12月8日の枢密院會議議事要録

枢密院は明治二十一年（一八八八年）に憲法草案審議を行うため、枢密院官制及枢密院事務規程に基づいて創設された。明治二十二年（一八八九年）に公布された大日本帝国憲法でも天皇の最高諮問機関と位置付けられ、初代議長には伊藤博文が就任した。

東條総理大臣によるラジオ放送

大日本帝国政府は開戦にあたり帝国政府声明の公表すること、東條総理大臣によるラジオ放送を行うことを決めていた。ラジオ放送原稿については、枢密院會議議事録に収められており、枢密院で決議されたうえ、天皇陛下の御裁可を得たと記述されている。

東條総理の放送内容は帝国政府声明の内容を踏襲したものであり、両者に大きな差異はない。

資料4は東條総理大臣ラジオ放送原稿である。

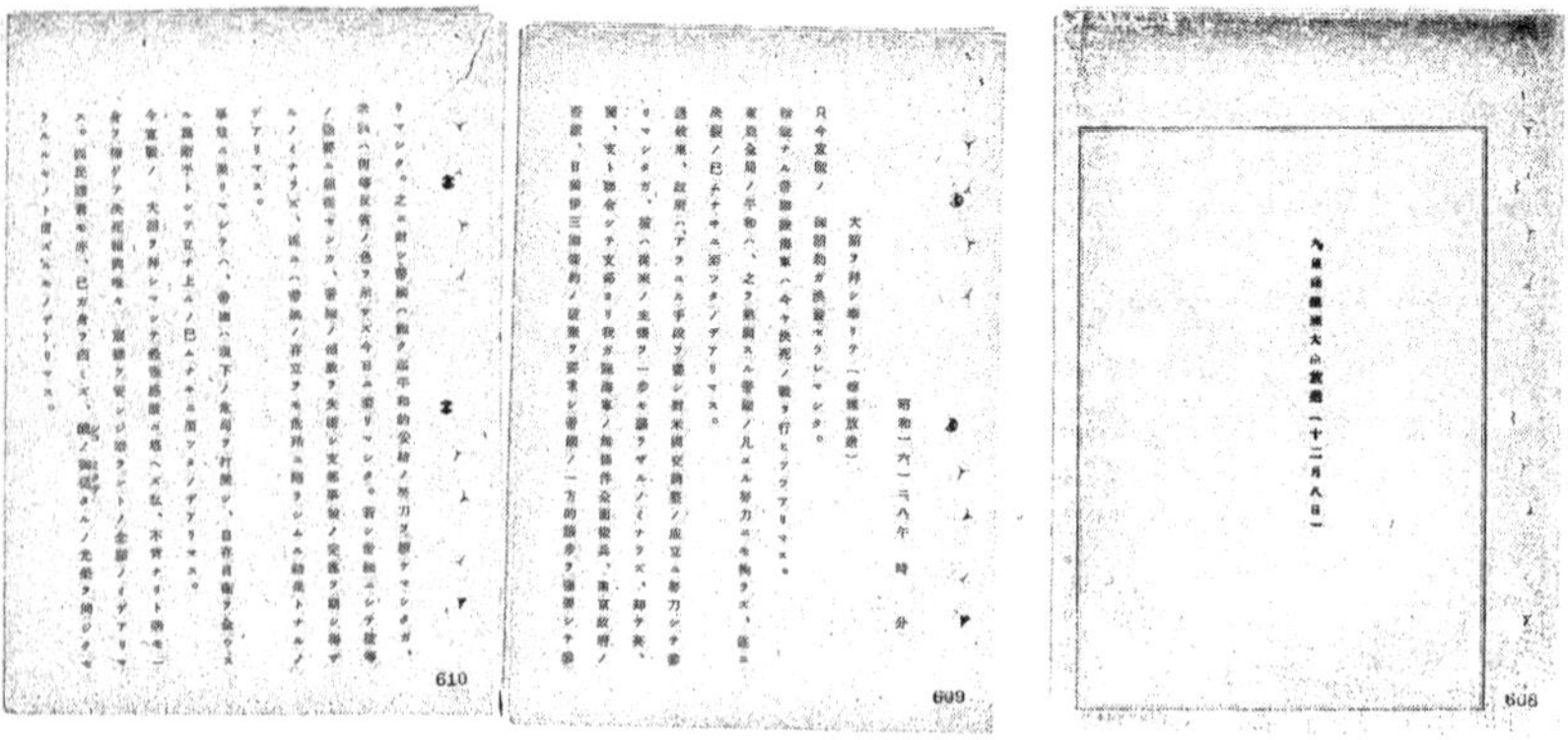

大詔ヲ拝シ奉リテ（首相放送）

昭和一六・一二・八午　時　分

608

609

610

資料４　東條総理大臣ラジオ原稿

大日本帝国は昭和十六年十二月八日の午後零時二十分に政府声明を発し、開戦目的はアジアの白人植民地解放であると宣言した。そして同日午後七時には東条英機首相がラジオ放送を通じて全国民に対し、開戦目的はアジアの解放と自存自衛の確保であると宣言していた。それゆえ、アジアの解放は結果論でもなければ後づけでもない、目的論であり先づけ論だったということになる。

証拠不採用（東京裁判）と隠蔽・埋没

吾輩による帝国政府声明の発掘により、開戦目的はアジアにおける白人植民地の解放であることが証明された。

吾輩が帝国政府声明を発見したのは平成二十一年四月であったから、この文書は戦後六十四年間にわたって埋没していたことになる。開戦日の夕刊にて全国に発表、配布された新聞を意図的にすべて回収し隠蔽す

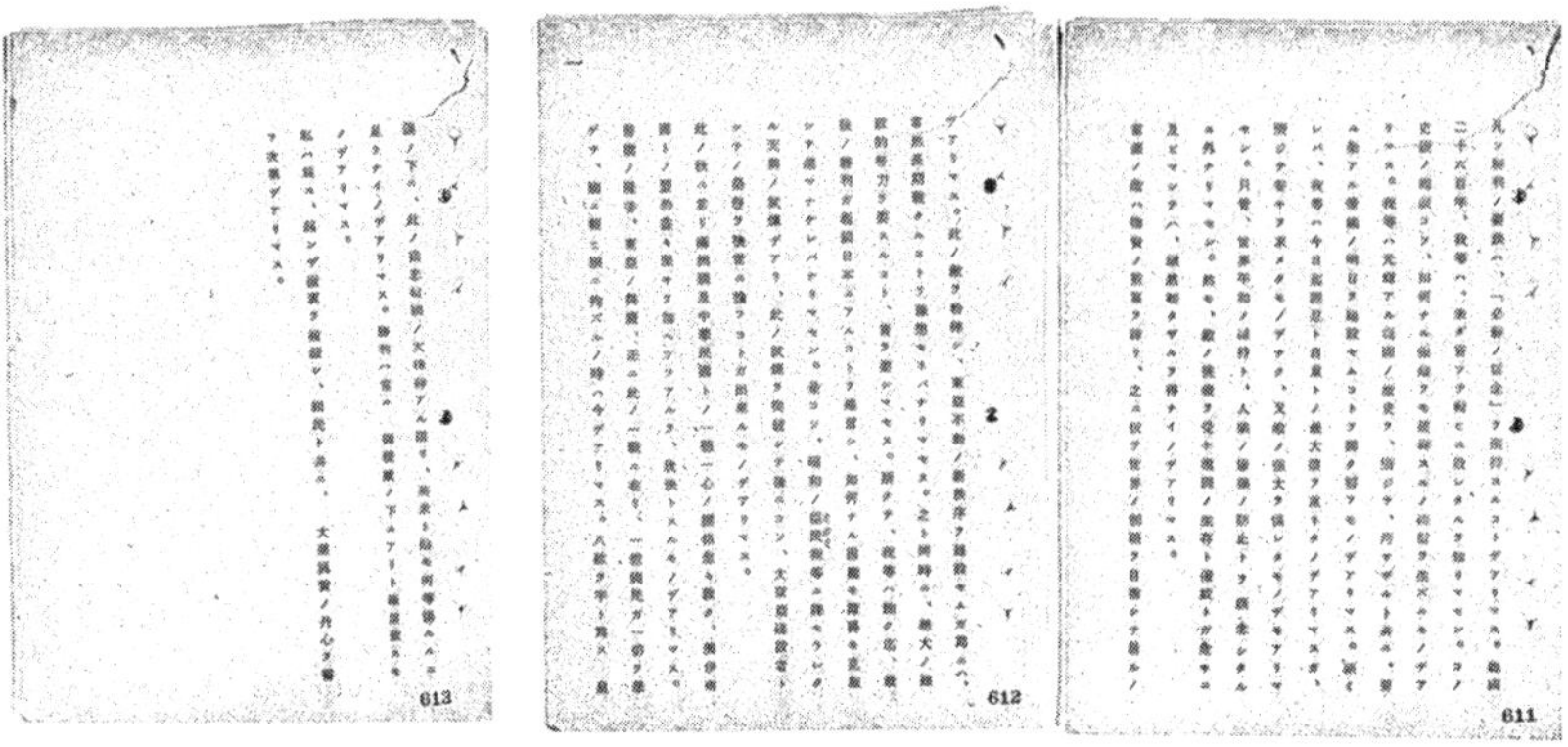
611
612
613

ることなど物理的に不可能であるから、意図的に隠蔽されていたとは考えられない。帝国政府声明は隠蔽などされていなかった。ただ、誰も発掘しようとしなかったから埋没していただけである。

帝国政府声明は東京裁判にて日本側から、開戦目的はアジア解放であったことを証明する文献として提出された。しかし、裁判所はその証拠採用を却下した。却下の理由とは以下の通り。

「侵略国家である日本が提出する証拠文献など、自国に都合の良い文献であることは間違いなく、そのような文献に証拠能力を求めるのは不可能である」

当時、日本政府は三千点に上る文献を被告側の無罪を証明する証拠資料として提出したが、それらのすべてが却下されている。無茶苦茶である。

東京裁判とはかかるごとく無茶苦茶な裁判だったのである。正当性など微塵もない。

帝国政府声明が戦後世に出されなかった理由を考察

すると、東京裁判で証拠採用を却下されたという事実の他に、次の要因が考えられる。

1 戦後マスコミを牛耳った日本共産党が無視を決め込んだ。日本共産党にとって戦前に自分たちを散々弾圧していた大日本帝国が〝アジア解放軍〟という英雄になるということは、その英雄に弾圧されてきた日本共産党は英雄の〝敵役〟即ち悪党ということになるから認められない。

2 保守論人が戦犯に囚われること恐れ、意図的に帝国政府声明を避けた。当時は〝戦犯狩り〟という恐怖政治が目前で行われており、アジア解放を唱えていた知識人たちは戦犯となるのを恐れ、皆口を噤んでしまった。

3 東京裁判を正当化するため、GHQがアジア解放宣言文を封印した。

4 上記1、2、3の理由から帝国政府声明封印の風潮が醸成され、それが次世代の歴史家、保守論人へ引き継がれた。

5 次世代の歴史家、保守論人も占領が解けたにも拘わらず、旧戦勝国からの反発を恐れて封印した。

6 歴史家が開戦日に遡って当日の新聞を確認することを怠ってきた。

7 歴史家が開戦当日の新聞を検証はしたが、アジア解放宣言の段落を日本共産党と同様に「開戦を正当化するための方便」として、読み過ごしてしまった。

8　コーデル・ハルが隠蔽を命じた。

国務長官コーデル・ハルは終戦時すでに職を辞していたが、当時次のようにに主張していた。

「大日本帝国をアジア解放の殉教者としてはならない」

戦争中、大日本帝国は開戦目的である〝アジア解放〟をビルマ（現ミャンマー）、カンボジア、ラオス、ベトナム、フィリピンで実現した。これら各国を独立させ、ただちに国家承認している。さらに、自由インド仮政府を承認しアンダマン諸島とニコバル諸島をその領地としてあたえた。開戦から僅か一年と九ヶ月でビルマ国を独立させ、ただちに国家承認している。

連合国側による広島・長崎への原爆投下という国際法違反の残虐兵器使用により、やむなくポツダム宣言を受諾し、三百万人以上の死者を出して、所謂〝降伏〟を受け入れた当時の大日本帝国には、殉教者となり得る十分な理由が存在したのである。

大日本帝国がアジア解放に殉ぜられるということは、数百年に亘りアジア・アフリカを植民地支配してきた白人国家が否応なしに侵略者として認定されることを意味するし、対日戦は植民地維持のための悪あがきであることを認めることになる。それゆえ、彼らは「殉教者である大日本帝国」の存在を認めることはできないのである。

もしも、開戦に当たっての帝国政府声明に「アジア解放」が宣言されていることを認めれば、大日本帝国は殉教者となり、白人国家は侵略国家となる。それゆえ、ＧＨＱが帝国政府声明を封印しようとしたのは、彼らにとっては当然の行いなのである。現実には新聞という余りにあからさまなメディアに発表された後であり、隠蔽は不可能であったのだが。

以上、項目１―８の理由から、平成二十一年四月に吾輩が発見するまでの戦後六十四年間の長きに亘って、「開戦に当たっての帝国政府声明」は結果として封印されてきたのである。

帝国政府声明が歴史評価へ与える影響

次に帝国政府声明の発掘が歴史評価に与える影響を考えよう。結論から言うと、戦後歴史観を根底から転覆させることになる。

戦後、我が国を支配してきた歴史観とはＧＨＱと日本共産党が作りあげた「大日本帝国は資源欲しさにアジアを侵略して敗戦した」というものである。

吾輩はこの歴史観を侵略敗戦史観と名づけた。世間一般には自虐史観と呼ばれるが、より正確に言うなら、「大日本帝国とは資源略奪侵略を企んで、アジア各国へ散々迷惑をかけた後、敗北した無様な国家である」と規定する歴史観である。

「戦後歴史観を根底から転覆させることになる」だけではなく、戦後我が国に蔓延してきた「侵略敗戦ボロ負け史観」を基に展開されてきた文芸、映画、演劇、ドラマ、絵画、音楽、アニメ、漫画などをすべて書き換えなくてはならない。

戦後に出版されてきた「山本五十六論」も、そのすべてが「侵略敗戦ボロ負け史観」を基に書かれている。

本書ではそれらすべての著作をお払い箱とし、戦勝アジア解放論を基に、新たなる「山本五十六論」を再構築するものである。

第三章

開戦前からアジア独立工作を進めていた大日本帝国

稲田正純大佐という豪傑

戦後、日本マスコミが国民に吹き込んだ代表的な嘘に、「アジアの独立は開戦後に姑息なる日本軍部が後づけしたものであり、もともと日本軍はアジアの解放独立など考えておらず、欧米植民地の横取りを意図していたにすぎない。たとえ開戦前にアジア解放を唱えていたとしても、それは欧米植民地を横取りするための、方便であり、言い訳であり、建前にすぎない」というものがある。果たしてこれは本当なのだろうか。その答えは陸軍参謀本部作戦部作戦課長であった稲田正純大佐とミャンマー独立工作を目指した南機関の存在が答えてくれる。

ここに手書きされた一片の外務省外交機密文書が存在する。日付は昭和十三年六月二十日、発出された部署名は「第二課」としか記されていない。文書の表には「極秘　三十部のうち五部」という判が押され、二ページ目（文書番号2042）に次のように書き込まれている。

以下に上記全資料の書き起こし文を紹介する。六月二十日に手書きされた草稿は六月二十三日にはタイプ印刷されたようである。そちらの文書から書き写す。

外務省外交資料館より
レファレンスコード

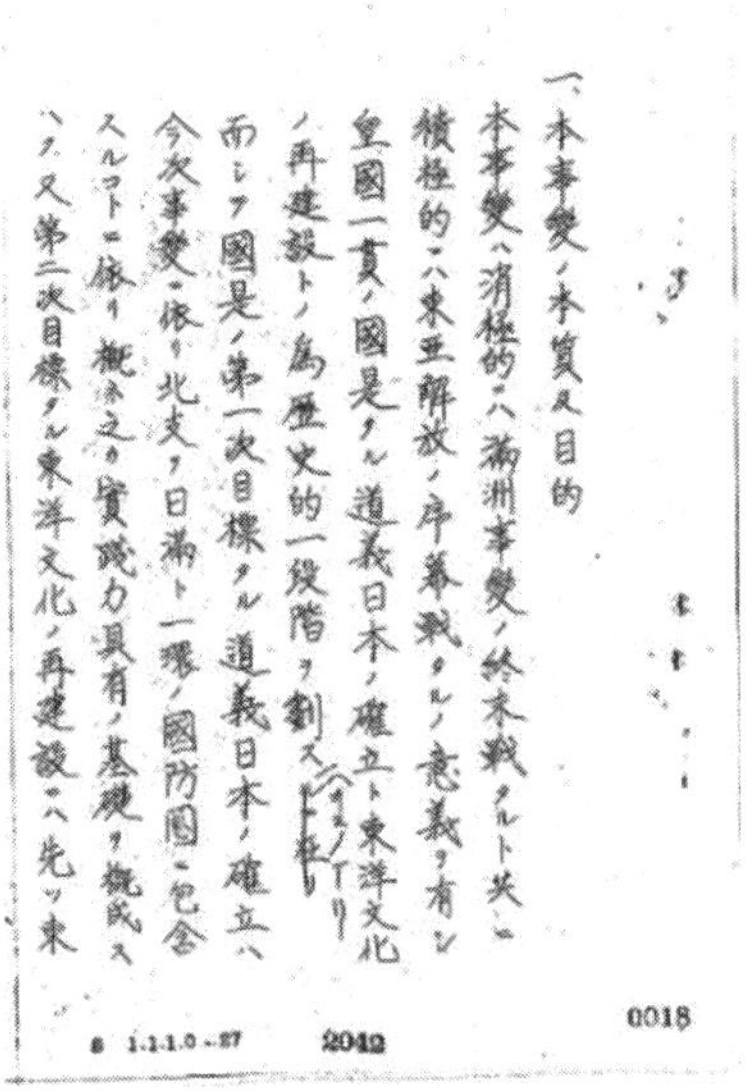
一、本事変ノ本質及目的
本事変ハ消極的ニハ満洲事変ノ終末戦タルト共ニ
積極的ニハ東亜解放ノ序幕戦タルノ意義ヲ有シ
皇國一貫ノ國是タル道義日本ノ確立ト東洋文化
ノ再建設トノ為歴史的一段階ヲ劃スヘキモノナリ
而シテ國是ノ第一次目標タル道義日本ノ確立ハ
今次事變ニ依リ北支ヲ日満ト一環ノ國防圏ニ包含
スルコトニ依リ概ネ之カ實踐力具有ノ基礎ヲ概成ス
ヘク又第二次目標タル東洋文化ノ再建設ニハ先ツ東
8 1.1.1.0-27　2042　0018

稲田文書

稲田正純大佐

b02030538000 より
昭和十三年六月二十三日

其の1　戦争指導上速に確立徹底を
要すべき根本方針

本事変に対し有終の結を与ふるは今後中央の努力に在り。之か為には戦争指導に関する方針の確立徹底と機構の一元強化とより急なるはなし。

一、戦争指導に関する根本方針

本事変の本質及目的本事変は消極的には満洲事変の終末戦たると共に積極的には東亜解放の序幕戦たるの意義を有し、皇国一貫の国是たる道義日本の確立と東洋文化の再建設との為歴史的一段階を劃すべきものなり。

而して国是の第一次目標たる道義日本の確立は今次事変に依り北支を日満と一環の国防圏に包含することに依り概ね之が実践力具有の基礎を概成すべく、又第二次目標たる東洋文化の再建設には先づ東亜を我皇道を中核とする物心両面の共栄に導き、以て不幸なる欧米依存の状態より解放するを要す。之が為には真日本の顕現、満洲国の善政、日満支の提携竝「ソ」英問題の処理を必要とし「ソ」英問題は一般の情勢上、対「ソ」処理を先決とす。

二、日支関係の根本基調

日支は東洋文化の再建を以て共同の目標とし相互に善隣の関係に置かれるべきものなり。東亜に於いて日本は先覚指導者として又支那は大なる実在として夫々天賦の使命実相を有し相互に尊重せらるべきものなり。

日満支が共同目標に向ひ各々其使命を遂行せんが為には日本は日、満、北支を範域とする強力国防圏の確立を必要とし又支那は欧米依存の状態より脱却して国内の治安開発に邁進するの要あり。而して日本が北支を国防圏として考ふるの程度は共同防衛の見地よりする戦略的考慮の外現地の福利増進を願念しつつ日満の不足資源を彼地に求むるを以て基準とすべく又支那が国内を開発するの要は日満支の間有無相通長短相補以て生産消費、交易の関係を律するに在り。

三、北支及中南支の皇国に対する地域

（イ）北支

河北省及山西省の各北半（概正太線）以北及山東省は資源開発上並軍事上の見地に於いて皇国の自存並日満国力結成即ち道義日本の大局的生存の為絶対不可欠の範域なり、従って右範域を政治地理的に包含する最小限度の地域即ち北支五省（黄河以北河南省を含む）は平戦時を通し日満と一環の結合内に置かれるべきものなり。

（ロ）中南支

中南支は上海を除く外、次項第三日支提携一般問題の範疇に於て考定せられるべきものなり。

四、本事変の解決に方り確定すべき根本事項（其形式は解決の情勢に依り多少の変化あるべし）

第一　北支資源の開発利用

第二　北支及上海に於ける日支強度結合地帯の設定、蒙疆《もうきょう》の対「ソ」特殊地位の設定

第三　日支平等互恵を基調とする日支提携一般問題

（イ）善隣友好

（ロ）共同防衛
（ハ）経済提携

五、全面的に守備の態勢に転移すべき情勢に至る迄に於ける北中支に対する内面指導方針

政務の内面指導は一般に現地政権発達の段階に応せしむるものとす。之が統合調整並統一促進の為中央に一機関を設け東京よりの指導力を一層強化す。当分の間概ね現状を継続するも現地に照応し逐次現地軍政政務指導業務を整理す。

其二　戦争指導機構の強化統一に関する措置

本事変以来国家最大の欠陥は戦争指導機構の不統一乃至不活動に在り。今にして之を是正せずんば本事変の成果を逸し更に近き将来に到来すべき歴史的世界転機に一籌《いっちゅう》を輸【おくれをとる】せんことを虞《おそ》るるのみならず事変に続いて我危急存亡の事態発生の懸念すら、なきにあらず。職を中央に奉ずる者正に猛省の要あり。

即刻強化実現を要すべき要項左の如し

皇道精神の確立徹底

戦争指導の一元化
総動員指導権の確立
経済戦及思想戦の基礎確立

上記文書の後段では、事変勃発を積極的に活用し、事変収拾の落としどころを、支那と日本の協力によるアジア全域の解放（東亜の欧米依存からの解放）を目指す合意の締結とすべきであると主張している。

この稲田大佐の目論見の一部は、二年後に達成された。昭和十五年三月三十日、蔣介石側から汪兆銘が日本側の説得に応じて重慶を脱出し、南京に国民政府を開いたからである。汪兆銘南京政権が日本側についただけでも対中作戦継続の大義名分が立ち、蔣介石が日本軍と汪兆銘軍への抵抗を続ける限り、米英による蔣介石への軍事援助を阻止する軍事作戦の発動（援蔣ルート遮断）に大義名分を与えることができる。

援蔣ルート遮断とは昭和十三年当時、ルートの起点にあった香港、ベトナム、ビルマを日本軍が占領し、占領地域を植民地から独立させることを意味するにほかならない。

稲田大差は支那事変について、アジア解放戦争開始の序幕戦とすべきであると言ってのけているわけであるが、其の結論に至る経緯は以下の通りである。

昭和十二年七月七日に発生した盧溝橋事件をきっかけとして支那事変が勃発した。当初、日本側は戦線不拡大方針を採り、幾度も停戦協定を結んだのだが、支那軍による通州日本人虐殺事件（昭和十二年七月二十九日）、上海日本人租界包囲（八月十二日）、上海防衛日本海軍陸戦隊への攻撃（八月十三日）、上海日本人租界への無差別砲爆撃開始などの軍事攻撃により和平への道はことごとく破られてしまった。この事実からして、蔣介石は前々から日本人排斥のもくろみを持っていたと思われる。蔣介石自身にすれば、アヘン戦争で科学力に優れた白人に蹂躙されたことはやむなしとしても、同じアジア人であり、その中華思想から東夷として見下していた日本人が、白人様と一緒になって支那の一部を占拠していることは許しがたい屈辱だったのである。また、その屈辱感に米英が乗っかった。蔣介石を焚きつけて日本軍を支那大陸から追い出し、日本が日清戦争、日露戦争、第一次大戦で獲得した利権の横取りを狙っていたのである。日本軍はやむなく武力討伐へ舵を切り、日本人虐殺の首謀者である蔣介石を捕縛するため、蔣介石政権の首都である南京を占領したのだが、当の蔣介石は首都陥落前に大陸奥地へ敵前逃亡し、支那事変は泥沼化の様相を呈し始めた。その時期は昭和十三年春頃である。戦後生まれは、支那事変は日本が支那大陸を植民地化し、利権を獲得するために侵略した侵略戦争であると教えられてきた。東京裁判で満洲事変にはじまる十五年戦争は、大日本帝国による悪しき侵略戦争であると規定されたことがその侵略史観の根底にあることは明らかである。日本共産党と日教組、左翼マスコミ、東大左翼閥、疑似戦勝国である米国にとって、大日本帝国を悪者にしないと自分たちが悪者にされてしまうから必死であった。原爆使用に対する免罪符を必要としていた疑似戦勝国である米国は大日本帝国を悪魔と規定しなければ、自らが悪魔と規定されてしまうから死に物狂いで〝戦犯国家日本〟を捏ち上げた。

一方、左翼に対する日本既存保守論壇の論調と言えば、当時の日本軍は支那との協定に基づいて合法的に駐留していたのであり侵略ではないが、定見のない近衛内閣と無能な軍部が戦略的対応策を見いだせないままズルズルと引きずりこまれていったという評価であった。

日本人自身の几帳面かつお人好しな民族性からして、ただの物取りに出張っていったとか、ズルズルと定見なく引きずり込まれていったという保守と左翼の見解に、吾輩のみならず多くの日本人も違和感を覚えたのではないだろうか。その結果、大日本帝国による自発的な介入であったという証拠が見いだせないため、支那事変を陰謀したのは当時のアメリカ大統領ルーズベルトだったとか、ルーズベルトを焚きつけたのは実はスターリンだったとか、いや真の黒幕はスターリンを焚きつけたロックフェラーとかいう、いわゆる「連鎖型陰謀論論争」が賑わう形となったのである。

大日本帝国が主体的に行動したという証拠文献が発掘されていない以上、他国からの唆しという〝陰謀論〟を考えるしか他に手がないという結論なのである。

写真（43頁）に示す軍人は昭和十三年三月から陸軍参謀本部第一部第二課長（通称：作戦課）

を務めていた稲田正純陸軍大佐（終戦時は陸軍中将）である。吾輩はこの人物が上記文献の発出者であると特定した。

上記文献の発出日は昭和十三年六月であるから、稲田正純課長の下で作成され、関係省庁に配布されたことは間違いないと判断したのである。

支那事変をアジア全域解放のための口実として積極的に拡大していった参謀本部作戦部作戦課長には歴代陸軍の生え抜きエリートが抜擢された。生え抜きとは陸軍幼年学校、陸軍士官学校、陸軍大学出身者を言う。

当時、心身ともに優秀なる子弟は陸軍士官学校か海軍兵学校に入り、そこから外れたものが一般大学へ入学する傾向があったと聞いた。作戦課長とはそれほどのエリートだったのである。稲田正純大佐は昭和十三年三月一日作戦課長に就任した。

重慶蔣介石政権の息の根を止めるには援蔣ルートの遮断が必須となるわけであるが、援蔣ルートの遮断とはベトナム、ビルマ、インドの英仏植民地からの解放を意味していた。大本営は〝東亜解放〟のための口実を得ることになった。

明治維新直後に開設された玄洋社（明治十四年）と日露戦争の勝利以来、以降続々と日本に逃れて来ていたビハリー・ボース（インド）などのアジア独立派が虎視眈々と狙っていた東亜解放のチャンスがやっと巡ってきたのである。そしてそれに必要な軍事力は用意されていた。

日本軍特務機関の果たした役割

開戦前から大日本帝国がアジア独立に関与していたことは前述したとおりである。次に帝国陸軍特務機関の果たした役割を紹介する。以下に戦前から活動していた帝国陸軍特務機関名とその目的を示す。

南機関

一九四一年二月一日、正式に発足し、一九四二年にかけて活動を行った特務機関で、鈴木敬司陸軍大佐を中心に創設された。

南機関は実質イギリスの植民地であったビルマ（ミャンマー）の独立運動を支援し、ビルマ独立義勇軍の支援などを行い、ビルマ独立工作にあたった。

藤原機関

一九四一年九月に藤原岩市少佐らによって構成された少人数の特務機関で、藤原少佐の頭文字と自由（Free）の頭文字からF機関と名づけられた。

F機関は戦争開戦前にイギリスとの開戦を想定し、当時イギリスの植民地であったインド独立の支援や、イギリスと対する組織を支援する工作を行った。特にマレー半島の解放と捕虜にした英軍インド旅団のインド兵を反英独立軍、即ちインド国民軍へ改編することに大きな役割を果たした。

戦前マレーで活躍した日本人義賊、〝ハリマオ〟こと福岡出身の谷豊はこの藤原機関の諜報員であった。

岩畔機関

F機関から改編された組織で、岩畔豪雄《いわくろひでお》陸軍大佐が率いていたため岩畔機関と呼ばれた。岩畔機関は人員が十数名程度だったF機関を二百五十名以上の組織に発展させ、総務班・情報班・特務班・軍事班・宣伝班・政治班の六班構成となっていた。主にインド国民軍の発展や指導・教育を行いインド独立に備えた。

光機関

光機関はF機関を引き継いだ岩畔機関からさらに組織を拡大した特務機関で、人員は五百名以上となっていた。

インド独立運動を行っていたチャンドラ・ボースの支援や、インド国民軍や自由インド仮政府の教育・支援を行った。

ペナン特務機関
インド人に対する特務教育を担当した。

安機関
フランス軍工作・ベトナム独立の支援を担当。

西原機関
援蔣物資ルート遮断を目的とした。

戦前から上記特務機関が現地人の独立支援と軍事訓練を行っており、帝国陸海軍が東南アジア地域を占領した後は各国の独立グループと連携、現地人独立政府の設置と独立への移行の迅速化を計った。

南機関の詳細

一例としてビルマ進攻およびビルマ独立を担当した南機関について以下にウィキペディアより一部を引用する。

南機関発足

ビルマに関しては、1940年当時、日本海軍がラングーン在住の予備役大尉国分正三を通じて早くから情報収集に努めていた一方で、日本陸軍が持っていた情報は無きに等しかった。鈴木大佐は活動開始にあたって上海の特務機関員であった樋口猛、興亜院の杉井満、満鉄調査部の水谷伊那雄らに協力を要請した。

1940年6月、鈴木大佐は日緬協会書記兼読売新聞特派員「南益世」の偽名を使ってラングーンに入り、タキン党員（反英独立派）と接触した。そこで鈴木大佐はアウン・サンたちがアモイに潜伏していることを知り、彼らを日本に招くことを決意する。11月アウン・サンたちはアモイの日本軍特務機関員によって発見され日本に到着した。鈴木大佐はオンサンに「面田紋二」、ラミヤンに「糸田貞一」の偽名を与えて郷里の浜松にかくまった。

アウン・サンたちの来日を契機として、陸海軍は協力して本格的な対ビルマ工作を推進することを決定する。1941年2月1日、鈴木大佐を機関長とする大本営直属の特務機関「南機関」が正式に発足した。さしあたり対外的には「南方企業調査会」との偽称を用いることとした。発足時の主要メンバーは次の通りであった。

陸軍―鈴木敬司大佐（機関長）、川島威伸大尉、加久保尚身大尉、野田毅中尉、高橋八郎中尉、山本政義中尉（川島大尉、加久保大尉、山本中尉は陸軍中野学校出身）

海軍―児島斉志大佐、日高震作中佐、永山俊三少佐
民間―国分正三、樋口猛、杉井満、水谷伊那雄
※安濃注：上記メンバーの中で野田毅中尉とは、戦後、毎日新聞の捏っち上げ事件、虚構の〝百人斬り競争〟の戦犯として非業の死を遂げた人物である。

30人の同志

鈴木大佐は南機関の本部をバンコクに置き活動を開始した。南機関の任務は、世界最強のイギリス情報機関を相手として、日本の関与をいささかも漏らすことなく謀略を成功させると言う極めて困難なものであった。南機関は次のような行動計画を立てた。

・ビルマ独立運動家の青年30名を密かに国外へ脱出させ、海南島または台湾において軍事訓練を施す。
・訓練終了後、彼らに武器、資金を与えてビルマへ再潜入させ、武装蜂起の準備をさせる。武装蜂起の時期は１９４１年6月頃とする。

１９４１年2月14日、杉井とアウン・サンの両名に対し、ビルマ青年の手引きを命ずる作戦命令第一号が発出された。両名は船員に変装して、ビルマ米輸送の日本貨物船でラングー

南機関の詳細（Wiki）

ンへ向かい、第一陣のビルマ青年4名の脱出を成功させた。以後6月までの間に、海路及び陸路を通じて脱出したビルマ青年は予定の30名に達した。この30名が、後にビルマ独立の伝説に語られることになる「30人の同志」である。

4月初旬、海南島三亜の海軍基地の一角に特別訓練所が開設され、ビルマ青年が順次送り込まれて過酷な軍事訓練が開始された。ビルマ青年たちのリーダーはアウン・サンが務めた。訓練用の武器には支那戦線で捕獲した外国製の武器を準備するなどして、日本の関与が発覚しないよう細心の注意が払われた。グループに比較的遅れて加わった中にタキン・シュモンすなわちネ・ウィンがいた。ネ・ウィンは理解力に優れ、ひ弱そうに見える体格の内に凄まじい闘志を秘めていた。ネ・ウィンはたちまち頭角を現し、アウンサンの右腕を担うことになる。

ビルマ独立義勇軍誕生

やがて1941年の夏が来た。ビルマでの武装蜂起の予定時期となっていたが、国際情勢は緊迫の度を深めていた。6月22日にナチス・ドイツがソ連へ進攻し、日本でも、ソ連を攻撃すべしとする北進論と、これを機に東南アジアの資源地帯を抑えるべしとする南進論とが唱えられた。7月、陸軍は関特演を発動して満洲に大兵力を集結し、また陸海軍は南部仏印進駐を進めた。これに対してアメリカは在米日本資産凍結、対日石油禁輸と言う強硬な経済制裁を発動した。このような情勢下、ビルマでの武装蜂起の予定にも軍中央から待ったがかけられた。先行きの見えない状況に、ビルマ青年たちも焦りの色を濃くした。

10月、三亜訓練所は閉鎖され、ビルマ青年たちは台湾の玉里へ移動した。その頃日本は対米英開戦に向けて動き出していた。10月16日近衛文麿内閣総辞職。後を継いだ東條英機内閣は11月1日の大本営政府連絡会議で帝国国策遂行要領を決定。11月6日、南方作戦を担当する南方軍以下各軍の編制が発令された。南機関も南方軍の直属とされ、本部は南方軍司令部と同じサイゴン（現在のホーチミン）へ移された。

12月8日、日本はアメリカ、イギリスへ宣戦布告し太平洋戦争が開始される。開戦と同時に日本軍第15軍（軍司令官：飯田祥二郎中将、第33師団および第55師団基幹）はタイへ進駐した。南機関も第15軍指揮下に移り、全員がバンコクに集結、南方企業調査会の仮面を脱ぎ捨てタイ在住のビルマ人の募兵を開始した。

12月28日、今日のミャンマー軍事政権の源流とも言うべき「ビルマ独立義勇軍」（Burma Independence Army, BIA）が宣誓式を行い、誕生を宣言した。

鈴木大佐がＢＩＡ司令官となり、ビルマ名「ボーモージョー」大将を名乗った。ＢＩＡには「30人の同志」たちのほか、将校、下士官、軍属など74名の日本人も加わり、日本軍での階級とは別にＢＩＡ独自の階級を与えられた。発足時のＢＩＡの兵力は１４０名、幹部は次の通りであった。
司令官—ボーモージョー大将（鈴木大佐）
参謀長—村上少将（野田大尉）
高級参謀—面田少将（アウン・サン）
参謀—糸田中佐（ラミヤン）
参謀—平田中佐（オンタン）
ダヴォイ兵団長—川島中将（川島大尉）
水上支隊長—平山大佐（平山中尉）

ビルマ進攻作戦

日本軍第15軍はタイ進駐に引き続きビルマへの進攻作戦に移った。開戦間もなく先遣部隊の宇野支隊（第55師団歩兵第１４３連隊の一部）がクラ地峡を横断し、ビルマ領最南端のビクトリアポイント（現在のコートーン）を12月15日に占領した。さらに宇野支隊は海上を島伝いに北上したが、これは陽動で、第15軍主力はタイ・ビルマ国境のビラウクタウン山脈を一気に越える作戦を立てていた。すなわち、沖支隊（第55師団歩兵第１１２連隊の一部）がタイ領内カンチャナブリからダボイ（現在のダウェイ）へ向かい、第55師団主力および第33師団はラーヘン付近に集結してモールメン（現在のモーラミャイン）からラングーンを衝く作戦である。ＢＩＡも水上支隊、ダボイ兵団、主力の3隊に分かれて日本軍に同行し、道案内や宣撫工作に協力することになった。

沖支隊は1月19日タボイを攻略、第55師団主力は1月31日モールメンを攻略、第33師団は2月4日パアーンを攻略した。日本軍とＢＩＡの前進とともにビルマの独立運動はすさまじい勢いで進展し、青年たちは「わいわいがやがや」とＢＩＡへ身を投じた。英印軍第17インド師団はビルマ東部の大河サルウィン川とシッタン川を防衛線としていたが、2月22日、逃げ遅れた友軍を置き去りにしたままシッタン川の橋梁を爆破して退却した。ＢＩＡはこれを追って2月26日、日本軍主力に先立ちシッタン川を渡河した。さらにＢＩＡ水上支隊はイラワジデルタに上陸して英印軍の退路をかく乱した。

3月7日英印軍はラングーンを放棄し脱出、3月7日第33師団がラングーンを占領した。次いでＢＩＡも続々とラングーンへ入城した。このときＢＩＡの兵力は約1万余まで増加していた。3月25日、ＢＩＡはラングーン駅前の競技場で観兵式典を行った。アウン・サンを先頭にした４５００名のＢＩＡの行進に、ラングーン市民は熱狂した。

ビルマ中部および北部にはなお英印軍と支那軍が展開していたが、日本軍は占領したシンガポールから第18師団と第56師団をビルマへ増援し、ビルマ全域の攻略を推進した。第56師団は4月29日ラシオを占領し、援蔣ルートを遮断した。英印軍と支那軍は日本軍に追い立てられ、疲労と飢餓に倒れ、多くの捕虜を残してアッサム州と雲南省へ向けて退却した。5月末までに日本軍はビルマ全域を制圧した。

軍中央との対立

この間、ビルマへの独立付与をめぐって、南方軍および第15軍と南機関との間に対立が生じていた。鈴木大佐は一日も早くビルマ独立政府を作り上げることを念願とし、オンサンたちに対しても早期の独立を約束していた。アウン・サンたちも、ビルマに進入しさえすれば当然に独立は達成されるであろうと期待していた。

ところが、南方軍および第15軍の意向は、彼らの願いを根底から覆すものだった。南方軍参謀石井秋穂大佐は次のように述べている。

・作戦途中に独立政権を作ると、独立政権は作戦の要求に圧せられて民心獲得に反するような政策を進めねばならなくなり、日本軍との対立が深まる。

・形勢混沌たる時機には、民衆の真の代表でない便乗主義者が政権を取る結果になることもありうる。

・独立政権の樹立には反対しないが、まずは単なる行政担当機関を作らせ、軍司令官の命令下に管理するのが順序である。

結局、軍中央を動かしていったのはこうした筋の見解だった。鈴木大佐以下南機関のメンバーたちは、次第に軍中央の方針に反発し、事と次第によっては反旗を翻すことを仄めかすようになった。アウン・サンたちも日本軍を不信視し、不満の念を高めていった。5月13日、マンダレー北方のモゴク監獄から脱出していたバー・モウが日本軍憲兵隊によって発見された。これまでアウン・サンもビルマの指導者としてバー・モウを推奨していたこともあって、第15軍はバー・モウを首班とする行政府の設立準備を進めることとなった。6月4日、飯田軍司令官はビルマ軍政施行に関する布告を発し、中央行政機関設立準備委員会を発足させた。

南機関解散

北部ビルマ平定作戦が終了した時点でＢＩＡの兵力は2万3千人に達していた。急激な膨張の一方で、烏合の衆的な傾向も強まり、幹部の統制を逸脱して悪事を働く者も出てきていた。また、部隊への食糧補給も問題となり、日本軍の占領地行政との間で摩擦が起きるようになった。こうした中、南方軍および第15軍では、ＢＩＡを一旦解散し、その中から選抜した人員をもって正規軍を作るべきとする結論に達した。
同時に、南機関の任務も終わり、その活動を閉じる時機となっていた。鈴木大佐に対しては6月18日付をもって近衛師団司令部付への転属が命じられた。鈴木大佐はＢＩＡの総指揮をアウン・サンへ委譲したのち、7月15日、ラングーン発内地へ向かった。その他の機関員も各所に転属となり、一部は新しく誕生するBurma Defence Army, BDA（ビルマ防衛軍、ビルマ国防軍）の指導要員として残留することになった。

上記に見られるとおり、開戦前から日本軍特務機関はアジア独立に深く関わっていたことは明白なる歴史的事実であり、大日本帝国がその明白なる意志として、アジア地域の解放を志していたことは確実である。侵略、簒奪することのみが意志であったのなら、現地独立派を支援する必要などない。

開戦前からの陸軍特務機関の活躍はアジア解放が左翼の言うような〝後づけ〟ではなかったことを裏づけている。後付けどころか先づけだったのである。

日本が大東亜戦争中、独立させた国一覧

アジアは開戦中に日本軍により独立させられていた。独立したのは戦後ではない。戦後独立論は日本軍を侵略軍と貶めるために米国と左翼により捏っち上げられたプロパガンダである。

ビルマ国	昭和十八年八月一日。英国より独立。 首班はバー・モウ

フィリピン共和国	昭和十八年十月十四日。米国より独立。 首班はホセ・ラウレル
自由インド仮政府	昭和十八年十月二十一日。英国より独立。 首班はチャンドラ・ボース
ベトナム帝国	昭和二十年三月九日。仏より独立。 首班はバオ・ダイ帝
カンボジア王国	昭和二十年三月十二日。仏より独立。 首班はノロドム・シアヌーク国王
ラオス王国	昭和二十年四月八日。仏より独立。 首班はシーサワーン・ウオン国王
インドネシア連邦共和国	昭和二十年八月十七日。蘭よりの独立を宣言。 首班はスカルノ

次に日本ニュース社による各国独立記念日映像を、戦中独立の証拠として提示する。次頁のＱＲコードにスマホカメラを合わせご覧頂きたい。

ミャンマー独立　1943年8月1日
https://www.youtube.com/watch?v=ML5lWWCfgRM&t=116s

フィリピン独立　1943年10月14日
https://www2.ＮＨＫ.or.jp/archives/movies/?id=D0001300561_00
000&chapter=002

自由インド仮政府樹立　1943年10月24日　4分3秒から

第四章　勝敗指数を定義づけする

戦争目的を達成し、かつ戦後体制を構築した国家が戦勝国と判定されたと書いた。しかし、それでも敗戦国は敗戦国だろうと主張して後に引かない者が存在する。このような人々は、降伏文書にハンコを押したから、日本は敗戦国であるに違いないと思い込んでいる。このような人士は「死んだフリは死んでないように、負けたフリは負けてはいない」という概念も理解することができない。ようするに、本質を理解できないのである。

吾輩は戦勝アジア解放論（安濃史観）を三十年以上にわたって主張してきたが、ただの情緒論で、すなわち、負け惜しみで言っていると反論してくる輩が存在する。

保守論壇にもそういう人士がいるから、世も末だ。そこで考えたのが「勝敗指数」という数値だ。

勝敗の度合いを数値化して表せば、負け惜しみや、強がりで言っているわけではないということが理解できると判断した。しかしこのように勝敗が数値化されても、その数字の持つ意味を理解できない人士がいることも事実である。そのような人については、切り捨て御免とさせていただく。

それでは勝敗指数について具体的に解説する。

拙著『斯くしてアジアは解放された』に詳細を記してあるので全文を読みたいという諸兄はＱＲコードからお買い求め頂きたい。

概念「勝敗指数」の必要性について

戦争に負けたという歴史を持たない日本人にとって「敗戦」とは一体どういうことであるのかを理解することは極めて難しい。

保守論壇の中にも次のように主張する輩が後を絶たない。
＊降伏文書に調印したから日本は敗戦国である。
＊憲法を改正させられたから日本は敗戦国である。
＊占領されたから日本は敗戦国である。
＊安保条約で米軍が駐留しているから日本は敗戦国である。
＊領土を失ったから敗戦国である。
まるでこれらの保守論人たちは日本敗戦の根拠をどうしても見いだしたいようである。まるで日教組や共産党のように祖国の粗探しに勤しみたいようである。この人たちは本当に保守論人なのであろうか。

日本人は世にもまれな敗戦を知らない国民であった。戦争に負けたことがないから、「敗戦」とは一体なんであるのかについての見識を持ち合わせていないのである。その点、敗戦経験を豊富に持つ欧州各国は違う。たとえばポーランド人なら次のような会話が交わされることであろう。

ポーランド人Ａ：「今回の敗戦は手酷かった。この痛手からこの国をどう立ち直らせようか」
ポーランド人Ｂ：「酷いと言っても、前回の敗戦よりはマシだったのではないだろうか。前回は国家がなくなり、言葉も変えられた。若者は敵国に徴兵され、敵国兵を守るための弾除けに使われた。そんな前回に比べたら今回のは敗戦とは言えないだろう」

ポーランド人なら今回の敗戦と前回の敗戦を比較することができる。しかし敗戦経験を持たなかった日本人は敗戦の程度を客観的に比較することもできない。この比較すべき対象を持たないことも日本人が過度の自虐敗戦史観に陥った原因である。それゆえ日本人には日本が大東亜戦争で被ったいわゆる「敗戦被害」なるものがどの程度のものであったのか、またその敗戦被害はいわゆる疑似戦勝国＝見かけ戦勝国・実質敗戦国＝連合国のそれと比較するなら、多かったのか、あるいは少なかったのかを比較するための客観的指標＝敗戦指数が必要となる。

十九世紀、ナポレオン戦争を分析したプロイセンの軍学者カール・フォン・クラウゼビッツは「戦争とは外交の一手段であり、外交目的を相手に強要するために行われる暴力行為である」と規定している。すなわち、外交目的（戦争目的）を達成した国が外交的に勝利した国（戦勝国）となるわけである。

開戦目的を達成した戦勝国は戦後利得を得て、開戦目的を喪失した敗戦国は損失を被る。

それゆえ、戦後各国が受けた得失を比較することにより、真の戦勝国と真の敗戦国を見分けることができるはずである。

評価項目は以下の通り。（　）内は配点である。

＊敵国に占領されたか否か　(—10～0～＋10)
＊元首が殺害されたか否か　(—10～0～＋10)
＊国が消滅したか否か (—10～0～＋10)
＊戦後一般国民が虐殺されたか否か (—10～0～＋10)
＊国家体制を失ったか否か　(—10～0～＋10)
＊戦争目的を達成したか否か　(—10～0～＋10)
＊領土を失ったか獲得したか (—10～0～＋10)
＊奴隷労働力を失ったか否か　(—10～0～＋10)
＊若者が戦勝国の兵隊として徴集されたか否か (—5～0～＋5)
＊金目の生産物はすべて敵国に持ち去られたか否か　(—5～0～＋5)
＊国が分割されたか否か　(—10～0～＋10)
＊経済規模が縮小または拡大したか否か (—10～0～＋10)
＊戦後大戦の影響で新たな戦争が誘引されたか否か否か (—10～0～＋10)

＊法令（憲法・法律）、政治制度を変更させられたか否か（—10～0～＋10）
＊参戦により国の権威を失墜させたか否か（—10～0～＋10）
＊旧敵国の政治・思想・歴史観を変更させたか否か（—10～0～＋10）

評価結果について

参戦した八ヶ国の勝敗指数は次の通りとなる。数値の大きい方が戦勝であり、少ない方が敗戦となる。

日本　プラス15
米国　マイナス48
英国　マイナス93
蘭　マイナス98
仏　マイナス98
独　マイナス113
ソ連　マイナス5
中華民国　マイナス115

国名	敵国に占領されたか（－10～＋10）	判定理由	元首が殺害されたか否か	国が消滅したか否か
日本	-5	連合軍によって占領されたが、七年間という一時的なものであった。	0	0
米国	-4	フィリピンが独立勢力によって占拠され、日本軍によって付与された独立を容認せざるを得なくなっていた。	0	0
英国	-10	インド、ケニヤ、ミャンマーなどの植民地が独立軍によって占拠された。	0	0
蘭	-10	植民地インドネシアは独立までの4年間独立軍によって占拠された。	0	0
仏	-10	インドシナ半島アルジェリアなどの植民地で独立戦争が勃発し、大部分が独立軍により占領された。	0	0
独	-10	西ドイツは米英仏蘭加により、東ドイツはソ連軍により占領され、以後固定化され、分断された。	0	-9
ソ連	0		0	0
中華民国	-10	共産軍によって占領され、中華民国政府は台湾へ逃亡し、事実上消滅した。	0	-10

前頁の表は勝敗指数国別評価表の一部である。評価表の全体を見たい諸兄は前掲QRコードを参照されたい。

日本よりも米国の方が負けていたという事実

戦勝国であるはずの米国の勝敗指数はマイナス48で敗戦国であるはずの日本のプラス15よりも低い。これの主たる要因はやはり植民地の喪失であるが、戦時国際法違反となる核兵器を使用した事による国家威信の喪失も大きい。原爆の使用は米国の国家理念を喪失せしめ、同じく一般市民を虐殺したナチスドイツと同じ立ち位置に自らその身をおとしめるという結果を招いた。その一方で日本はアジア植民地を解放独立せしめ、人種平等を実現し、奴隷主義と白人優越主義を崩壊せしめた。その結果、戦後の日本は独立したアジア、中東、アフリカ諸国から産業資源を自由に買い求める事が可能となり、独立した各国は日本製品を宗主国に気兼ねすることなく買い求めてくれた。戦後日本の地域別貿易額の推移を見るとアジア地域は北米と並ぶ巨大マーケットとなっていた。大東亜共栄圏は事実上確立され、日本は高度成長経済へと突入した。この事実が〝敗戦国〟日本にたいして高い勝敗指数を付与したのである。

勝敗指数の定義づけと採点結果は実質的戦勝国はどの国であったのかを明確に示してい

る。戦勝国は日本だったと言うことである。さらに日本が戦勝国であったという事実は東京裁判史観をそのよりどころとするサンフランシスコ体制にも疑問を投げかける。

第五章 東京体制が戦後体制である

日本が遂行した事象、すなわち植民地解放独立、人種平等実現、奴隷主義崩壊、白人優越主義瓦解は戦後の世界秩序を確定せしめたわけであるが、そうであるとするならば、世界の戦後体制を構築したのは東京裁判史観を土台とする「サンフランシスコ体制」ではなく、東京大東亜会議によって採択された大東亜宣言に基づく「東京体制」である。東京体制の正当性は昭和三十五年四月十八日に開催されたバンドン会議によって追認されたと考えるべきである。

サンフランシスコ体制など日米間にしか通用しないローカル体制であるが、東京体制は世界の植民地を独立させた以上、人類にとって普遍的価値を有する体制である。その普遍的価値は疑似戦勝国であるアメリカまでも飲み込むこととなった。一九六五年における公民権法の施行と二〇〇八年における黒人大統領の誕生がその証である。戦勝国といえども東京体制から逃れることはできなかった。実質的敗戦国だから米国は東京体制の波及から身を守ることができなかったわけである。

今回、吾輩は東京大東亜会議体制＝東京体制なる新語を造語したがこれについては別の機会に詳述しようと思う。

第六章

捏造された「一撃屈服論」と陸軍への「通知なし」

昭和十六年十二月八日（日本時間、米国時間では一九四一年十二月七日）、帝国海軍は真珠湾を奇襲攻撃し、米太平洋艦隊を壊滅させたことはよく知られている。ただしその攻撃意図理由については従来説によれば次のように説明されてきた。この論を以後「一撃屈服論」と称する。

「開戦当初に米太平洋艦隊を全滅させることにより、米国民の戦意を喪失させ、米国を屈服させる、または和平を有利に進める」。

右記の攻撃意図に関する解説はあたかも正当性を持つかのような印象を与えるが、熟考するなら、次のような疑念を生じさせる。

「たとえ太平洋艦隊を壊滅させたとしても、米本土は無傷で残り、米大西洋艦隊をパナマ運河を通して太平洋へ回航すれば、太平洋における米海軍力はすみやかに回復してしまう。また、米本土の工業力、人的資源、経済力は安泰である以上、ハワイの艦隊を失う程度の損害で米国民が戦意を失う事などあり得ない」。

結果はどうであったのかというと、真珠湾奇襲により米国民の戦意を喪失させるどころか、戦意を逆に奮い立たせたという現実であった。

戦意喪失を企んで奇襲したが、結果はやぶ蛇となっていたということになると、まるで当時の日本軍はただの間抜けであり、愚かで無様な日本軍という白人優越主義者が小躍りしそうな結論を与える。そのように考えるなら、「一撃屈服論」は戦後になってＧＨＱ、共産党、ＮＨＫ、東大共産党歴史閥、共産党支配メディアによって、日本軍を弱軍に見せかけるため、

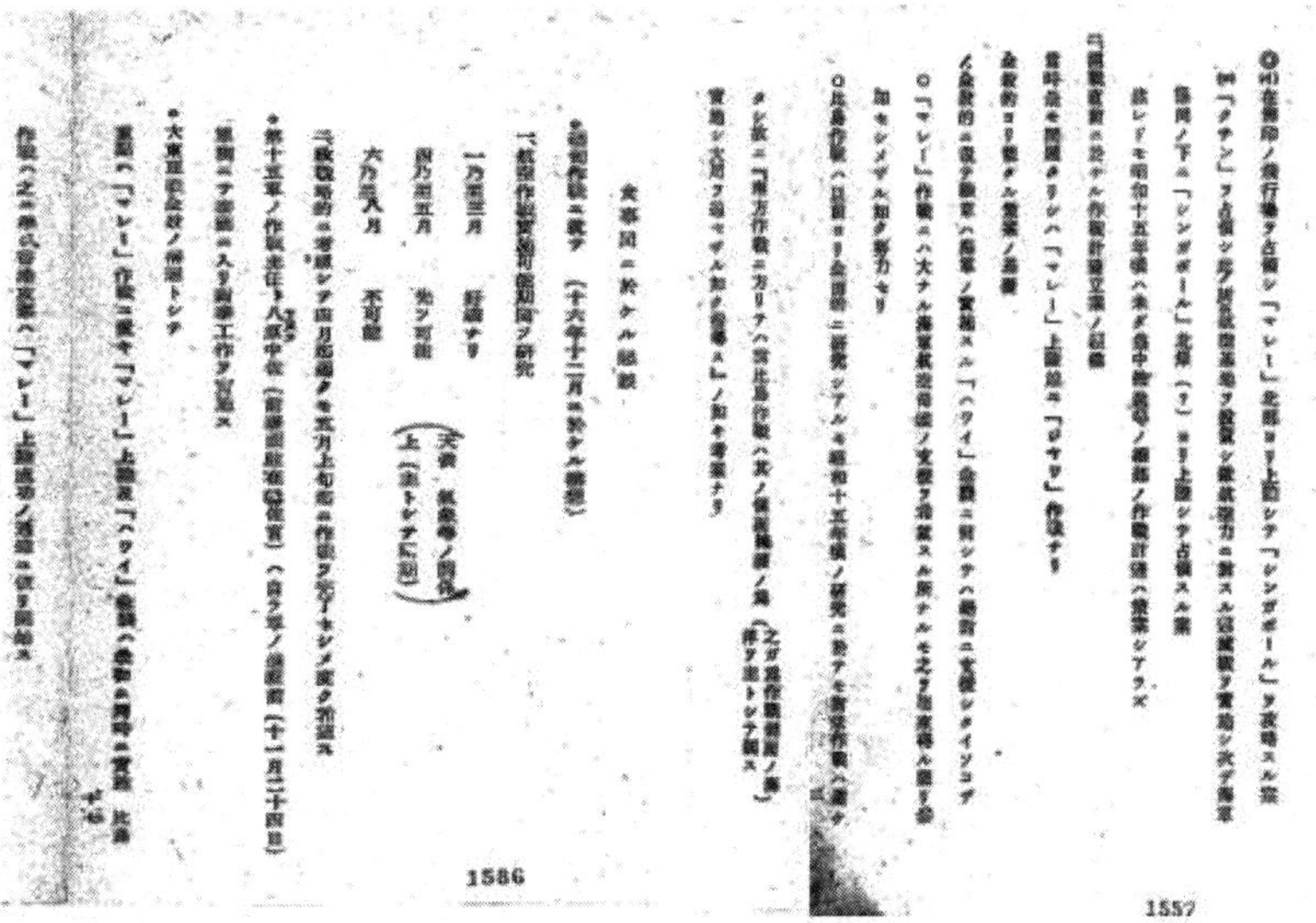
1557

1586

荒尾興功大佐の発言

捏っち上げられたプロパガンダ歴史観である可能性が高くなる。アジア解放を掲げて周到な準備の後に開戦に臨んだ旧軍首脳がそこまで愚かであったとは考えられない。実際の作戦計画も港湾施設への攻撃を排除するなど「一撃屈服論」とはほど遠い。

吾輩は従前より、太平洋島嶼戦はアジア大陸における植民地解放戦争に米軍を寄せ付けないための「陽動囮作戦であった」との論を展開してきたが、今回は真珠湾攻撃こそアジア解放のために「米軍をアジア大陸へ寄せ付けない」ための作戦であったとする歴史資料を発掘したので公開する。

この文書は国立国会図書館から発見された旧貴族院議事録に記載されていた。

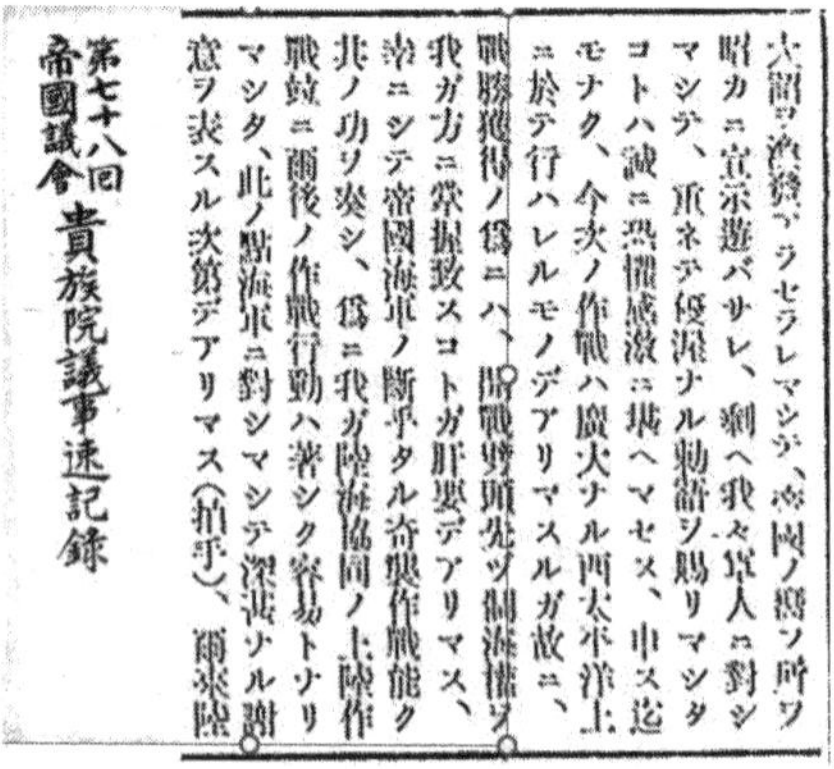
第七十八回帝國議會　貴族院議事速記錄

大詔ヲ渙發アラセラレマシテ、帝國ノ嚮フ所ヲ昭カニ宣示遊バサレ、剰ヘ我々軍人ニ對シマシテ、重ネテ優渥ナル勅語ヲ賜リマシタコトハ誠ニ恐懼感激ニ堪ヘマセヌ、申ス迄モナク、今次ノ作戰ハ廣大ナル西太平洋上ニ於テ行ハレルモノデアリマスルガ故ニ、戰勝獲得ノ爲ニハ、開戰劈頭先ヅ制海權ヲ我ガ方ニ掌握致スコトガ肝要デアリマス、幸ニシテ帝國海軍ノ斷乎タル奇襲作戰能ク其ノ功ヲ奏シ、爲ニ我ガ陸海協同ノ上陸作戰竝ニ爾後ノ作戰行動ハ著シク容易トナリマシタ、此ノ點海軍ニ對シマシテ深甚ナル謝意ヲ表スル次第デアリマス(拍手)、爾來陸

貴族院議事録　木村兵太郎証言
「真珠湾奇襲成功によりマレー作戦は成功した」

レファレンスコード A07050036600：第七十八回帝国議会（臨時）・貴族院議事録（昭和十六年十二月十六日～昭和十六年十二月十七日）より抜粋する。

当時陸軍次官であった木村兵太郎陸軍中将は議員からの質問に対して政府委員として次のように答弁している。

「政府委員（木村兵太郎君）陸軍大臣に代り戦況を報告致しますが……申すまでもなく、今次の作戦は広大なる西太平洋上に於て行われるものでありまするが故に、戦勝獲得の為には、開戦劈頭先ず制海権を我が方に掌握致すことが肝要であります。幸いにして帝国海軍の断乎たる奇襲作戦能く其の功を奏し、為に我が陸海共同の上陸作戦並に爾後の作戦行動は著しく容易となりました。この点、海軍に対しまして深甚なる謝意を表する次第であります」。

防衛省防衛研究所「開戦直前に於ける作戦立案の経緯（レファレンスコード c151201125001557頁二）」に南方軍作戦主任　荒尾興功大佐の発言について次のように記されている。

大東亜作戦準備期間（主として緊急に幕僚を大本営に集合せしめ研究を開始した昭和十六年九

月二十五日より大陸命（大本営陸軍部命令）発令までの期間）

「最も問題たりしは「マレー」上陸並に「ジャワ」作戦なり。

全般的より観たる策案の基礎1、

全般的に観て陸軍は海軍の実施する「ハワイ」急襲に対しては絶対に支援したい。そこで「マレー」作戦には大なる海軍航空母艦の支援を希望する所なるも、之を出来得る限り参加せしめざる如く努力せり。

比島作戦は以前より全面的に研究しあるも、昭和十五年頃の研究に於ても対米作戦は避けたし、故に

「南方作戦に方りては対比島作戦は其の側面援護の為（之が為作戦側面の海洋を主として制す）実施し、大局を逸せざる如く指導す」

の如き考案なり。

大東亜全般の構想として重点は「マレー」作戦に置き「マレー」上陸及「ハワイ」急襲は最初に同時に実施、比島作戦は之に準じ、香港攻撃は「マレー」上陸成功の通達に依り開始す。

荒尾興功大佐の発言を見る限り、大本営陸軍部は海軍が実施予定の真珠湾急襲を開戦前に

熟知しており、実行を渇望していたことになる。それゆえ、戦後になって吹聴されてきた以下の論説「陸軍は真珠湾攻撃を海軍から聞かされていなかった」は全くのでたらめであり、戦後になって旧日本軍を貶めるために捏造されたプロパガンダであることが明らかとなる。

真珠湾奇襲は開戦劈頭において米国民の戦意を喪失させるために実施されたという論説も、陸軍は真珠湾攻撃計画を知らされていなかったという論説も戦後になって旧日本軍を貶めるために左翼メディアによって捏ち上げられたプロパガンダである。

上記の新たなる発掘資料から結論を述べるなら、帝国海軍は陸軍と連携をとりながら、陸軍が実施するマレー・フィリピン上陸作戦を成功させるために真珠湾を奇襲したということである。

ここまでのまとめ

第一章から第六章までの記述をまとめると、次の通りとなる。

1　大日本帝国はシナ事変をアジア解放の序幕戦と位置づけ、援蔣ルート遮断のためアジア全域を独立させる目標を立て、戦前から活動していた。

2　宣戦布告書となる帝国政府声明で開戦目的はアジアの解放・独立であると明確に述べていた。

3　それ故アジア解放は後付けでも結果論でもなく、先付け論であり目的論であった。

4　大日本帝国は開戦中にアジア六ヶ国を独立させ、一ヶ国に独立宣言を行わせた。それゆえアジアの独立は戦中であり戦後ではない。
5　勝敗指数の創出により勝敗の度合いが定量化され、その結果、大東亜戦争における最大の戦勝国は大日本帝国であることが明らかとなった。
6　真珠湾攻撃は陸軍からの要請だった。
7　植民地独立、人種平等という戦後世界秩序は大日本帝国が作り上げた。
8　太平洋島嶼戦はアジア独立までの時間稼ぎを目的とした囮作戦だった。

上記1～8の各項目を統合し、結論を導き出すと、大東亜戦争とはアジア解放戦争であり、アジア解放という戦争目的を達成した大日本帝国こそ戦勝国になるという事実である。

大東亜戦争のうちの対米英戦が昭和十六年十二月八日未明、真珠湾奇襲とマレー上陸作戦から始まったわけだが、真珠湾攻撃はアメリカ太平洋艦隊をマレー、フィリピン攻略作戦に来寇させないための奇襲作戦であった。その結果、米海軍は開戦劈頭で壊滅し、大英帝国のアジア拠点といえるシンガポールが陥落し、フィリピン攻略も容易に完了した。

グラフは第一次大戦後の植民地数の減少を表している。植民地は一九四一年を境に急激に減少していること見て取れる。そして次の結論を我々にもたらすことになる。

――連合艦隊司令長官　山本五十六がアジアを解放し、人種平等をもたらした――

この結論は山本五十六がアジア解放、欧米植民地独立に功績ある英雄であることを示している。

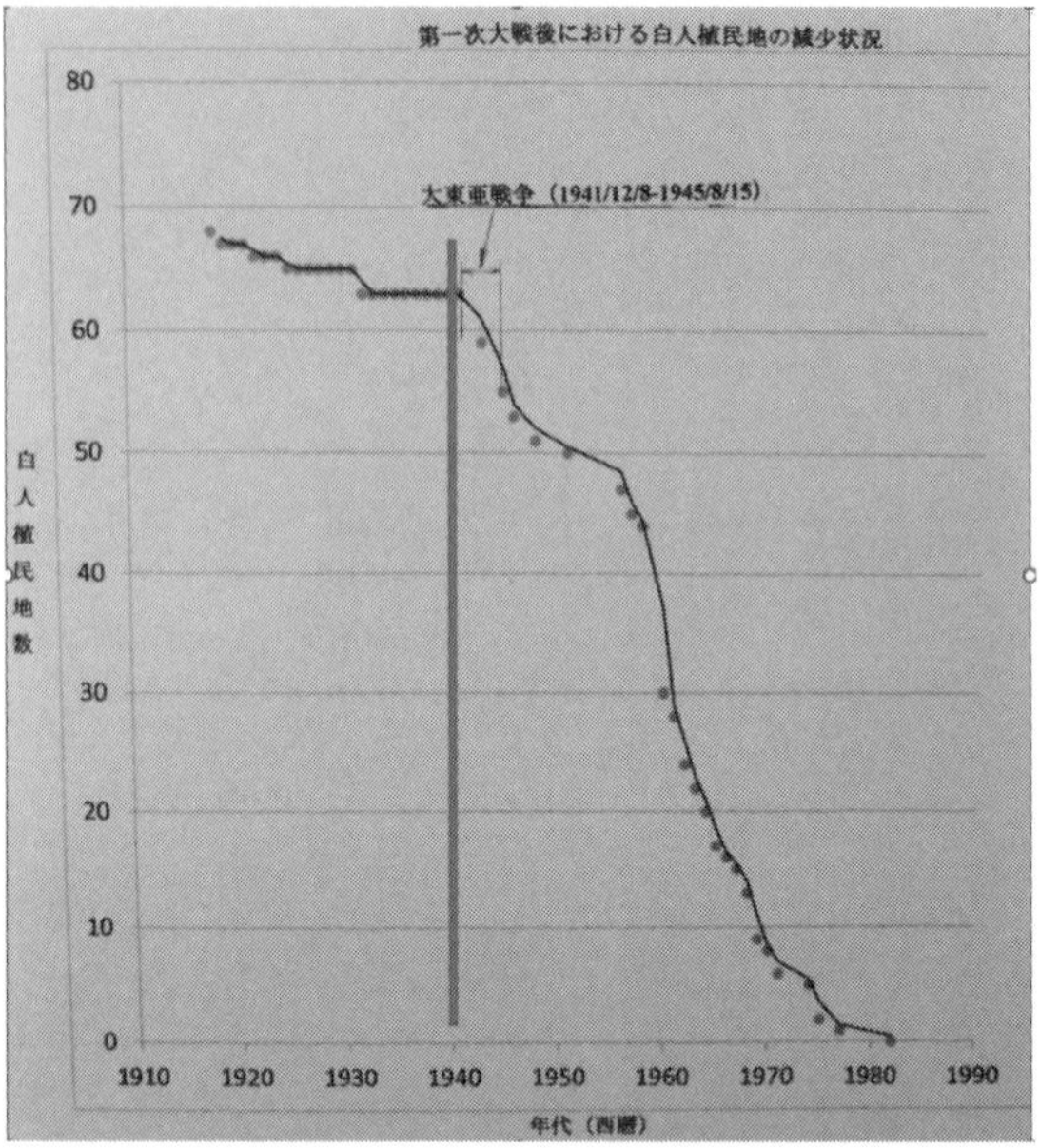

第１次大戦後の植民地数の減少グラフ
1941 年を境に急激に減少していることが明確化される。

第七章

戦勝アジア解放論から過去本を検証する

本章ではいよいよ本題に入る。安濃史観（戦勝アジア解放論）を基に過去本を論評すると如何なる結果が露呈されるであろうか。読者諸兄以上に吾輩にとって興味津々というところである。

「大東亜戦争はアジア植民地解放戦争であり、その結果アジア地域はすべて白人列強から独立したこと。それゆえ、戦勝国はアジア解放という開戦目的を達成した大日本帝国であり、山本五十六はアジア解放の英雄である」という史実を基にして、過去本を論評する。

ダメ出し付箋の嵐

次の過去本について論評する。

＊『連合艦隊司令長官 山本五十六』（著者：半藤一利、文藝春秋）
＊『山本五十六の戦争』（著者：保阪正康、毎日新聞出版）
＊『山本五十六の生涯』（著者：工藤美代子、幻冬舎文庫）
＊『山本五十六』（著者：阿川弘之、新潮文庫）
＊『太平洋の巨鷲』（著者：大木毅、角川新書）
＊『米内光政と山本五十六は愚将だった』（著者：三村文夫、テーミス）

当初、吾輩は〝真面目〟に過去本を読み、各書籍を細部にわたって批評しようと考えていた。そのため、各書の歴史記述の間違い箇所を見つけては「ダメ出し付箋」を貼り付け、その箇所について論じようと考えていた。次の写真が各本に貼られた「ダメ付箋」である。

この〝ダメ付箋状態〟をみて読者諸兄はどう思われるであろうか。吾輩は呆れてしまった、お手上げだ。ダメ付箋箇所のそれぞれについて、論評を加え、一冊の本にまとめようとして

ダメ付箋だらけになった『連合艦隊司令長官山本五十六』

ダメ付箋だらけになった本三種
上から『山本五十六の生涯』、『山本五十六』『太平洋の巨鷲』

いたその計画が崩落・挫折した瞬間であった。

問題箇所が多すぎて、手持ちのダメ付箋がなくなってしまった。それで付箋貼りを中断した。まさか、こんなにも多くのダメ出し箇所があるとは予想していなかった。迂闊であった。ということで、なけなしの付箋が半藤一利の本でなくなったため、保阪正康の本に付箋を貼れなかった。付箋をあらたに購入しようとも思ったが、付箋貼りの作業自体が億劫となってきたのでやめた。

付箋貼りを止めて、食事を取ろうとカップ麺にお湯を注いだときである。ふたが開かないように重しを乗せようとした。ちょうど手元にあった、付箋で膨れて重くなった半藤一利の本を重し代わりに使ってしまったのだ（写真参照）。

そのとき、ふと感じ入ったことがある。それは「半藤の本など、こんな使い方がふさわしい」。陳腐なる本はゴミに出す前に、重しとかスペーサー、物置き台に使うしかない。本棚のスペースを使わせるにはもったいないのだ。本棚は価値ある本を所蔵することが役割だからだ。

この段階でダメ箇所を一つ一つ拾って、その正誤を書き連ねて、一冊の本とすることは不可能となってしまった。紙面の制約上物理的に不可能なのだ。

さてはて、どうしたことかと思案を重ね、吾輩は対処法を考えなくてはならないのだが、このような残念な結果となった理由は明らかである。その理由とは次の通り。

これら過去本の筆者全員には、ある概念が欠けているからだ。それは、「山本五十六はアジア解放の英雄であり、あの戦争の勝者は大日本帝国であった」という歴史的事実である。過去本の記事内容にアジア解放のアの字もカの字も見いだせない。

馬鹿馬鹿しい限りである。これはもう真面に対応する価値などないという結論に達した。ギャグとして扱う以外に術はない。

過去本の問題箇所

過去本の多くは大東亜戦争がアジア解放戦争であったという史実に立脚していない。立脚していないどころか、半藤一利氏、保阪正康氏のように、アジア解放論を全否定することを目的として書かれたのではないかと疑いたくなる本も存在する。執筆意図からして、日本人に敗戦自虐史観を植えつけることを目的としているのである。その他の著者についても日本共産党員または秘密党員でもある作家が捏っち上げた自虐敗戦ボロ負け史観を基に五十六を描いているから、「悲劇の提督」などとトンチンカンな五十六像に帰結している。アジア解放という戦争目的を成し遂げた提督のどこが悲劇なのだ。

自虐史観に満ちた五十六本を「自虐敗戦五十六本」と呼称する。過去本のほぼすべては「自虐敗戦五十六本」である。これでは故人が浮かばれない。

過去本における過誤を例としてあげる

『太平洋の巨鷲〜山本五十六』

たとえば、『太平洋の巨鷲〜山本五十六』に視られる歴史過誤を指摘すると次のようになる。

1　表紙からしてズッコケている

この本のサブタイトルは帯に書かれた「必敗の戦争を強いられた男、その真相」であるが、サブタイトルからしてズッコケていると言っても過言ではない。

前述の通り大東亜戦争に勝利したのは、アジア解放という戦争目的を達成した大日本帝国であり、米英ではない。植民地を全喪失した米英仏蘭という連合国は敗戦国なのであるからして、「必敗」という表現自体がズッコケなのである。勝った戦のどこが必敗なのだろうか？

次に「強いられた」という表現である。アジアは独立し、戦争目的は達成され、日本は戦争目的達成国＝戦勝国とされたわけであるから、「必敗」ではなく「必勝」と表現されるべきである。強いられたと表現すれば、「勝利することを強いられた」ということで表現されることになるが、この「勝利することを強いられた」という言葉は日本語としておかしい。勝利することを迷惑がる人物などこの世にいるのであろうか。敗北するのは嫌だという人なら何度も見てきたが、勝つことを嫌がる人など見たことない。馬や花札、パチンコの世界ならなおさらだ。

次に「その真相」という言葉であるが、ここで「その」とは必敗であり、強制されることを指しているわけだが、その真相は戦勝アジア解放論によれば、必敗でもなく、敗戦強制でもない。勝利であり当然のごとく自ら臨んだ勝利である。他人に強制された勝利ではない。それゆえ、サブタイトルが表す「その真相」自体が欺瞞・虚偽ということになる。

大東亜戦争の指揮官たちを描くに当たって、最初にやらねばならないことは、巷の戦争史観が、正しいものであるか否かを検証することである。戦後日本に蔓延る自虐敗戦ボロ負け史観が正しいものであるのか、そうではないのかを確認せずに山本五十六論など書くから、タイトル設定からしてズッコケるのである。

タイトル設定からしてコケてしまうということは、馬に例えるなら、「出走開始→即落馬」するようなものであり、みっともないことこの上ない。

タイトルからして意味をなしていないわけであるから、その中身はさらに意味をなしていないことは明白である。それでは、次に本文内における間違い箇所について検証していく。

2　ただの凡庸学者を「日本近現代史の泰斗」と紹介

序章内で昭和史研究家の某氏を「日本近現代史の泰斗」として賞賛しているが、はたしてそうであろうか？

注：泰斗は、その道の大家を意味し、泰山北斗の略。

「泰斗」は「泰山北斗《たいざんほくと》」の略。「泰山」は古代中国で尊ばれた山、「北斗」は北斗七星、天の中心となる存在のこと。「唐書」韓愈伝賛から、泰山と北斗星。転じて、その道の大家として最も高く尊ばれる人をさす。

吾輩に言わせれば、昭和史を扱って真珠湾攻撃の日の新聞に目を通さす、帝国政府声明文に「開戦目的はアジア解放である」と明記されていたことを知らずに、昭和史をあたかも見てきたかのように語っていた人士が「日本近現代史の泰斗」であるはずがあるまい。

アジア解放を謳った帝国政府声明は米国の歴史を語るに独立宣言のような重みを有するものであり、共産主義者にとっては「共産党宣言」のような重みを有するものである。このような重要なる文献の存在を見逃しておいて「泰斗」はないだろう。喩えていうなら、エンジンの取りつけを忘れているのに、飛行機は完成したと宣っているようなものである。

3　「満洲事変から敗戦までの真相」という記述の誤謬

この文は序章5ページ「名将像の確立」という章に記載されている。この一文にすでに歴史過誤が含まれている。どの部分かというと「敗戦までの真相」である。

前述したとおり、あの戦争で勝利したのは、植民地解放という戦争目的を達成した大日本帝国である。その戦勝国日本に対して「敗戦までの真相」とは何事であろうか。錯誤、過誤どころか、本末転倒であり、主客転倒である。なぜこのような倒錯が起きるのであろうか？　その理由は過去本著者らが戦後日本に蔓延させられた敗戦侵略自虐ボロ負け史観を何の疑いもなく受け入れ、「マケタ、マケタの敗戦ヒステリー」状態のまま執筆に入ったからである。

歴史に関わる書籍を執筆するときは、自分が拠り所とする歴史観が正確なものなのか、正当なものであるのかを検証してから執筆に入らなくてはいけないと吾輩は思う。

他人が、さらには旧敵国が捏っち上げたプロパガンダ歴史観にのっかって戦史を書くなどということは国賊行為そのものだと吾輩は思う。

この本の著者は吾輩のように著者独自の歴史観を構築してから執筆すべきだったと思う。誠に残念である。この著者だけではなく、あらゆる歴史物を書こうとする人士は自分が書こうとする歴史の真贋を、少なくとも、考察しながら書き進めるべきである。

この本について、最初の5ページに進む段階でもう三カ所について、上記のごとく誤謬を指摘した。各ページの誤謬について論じるなら、莫大な時間と労力、紙数を必用とすることになる。それは物理的体力的に不可能ゆえ、本書では過去本検証はその問題点をかいつまんで、要点のみについて論ずることとする。

『連合艦隊司令長官 山本五十六』

半藤一利著『連合艦隊司令長官 山本五十六』に視られる誤謬について論ずる。

1 表2（表紙の裏）に視られる誤謬

この本の表2には〝太平洋戦争〟主要海戦地図というのが掲載されている。この海戦地図そのものが間違いである。間違いは二カ所である。太平洋戦争という呼称と、地図に描かれた地域（範囲）である。最初に呼称について述べる。

＊「太平洋戦争」という呼称

この本の筆者は大東亜戦争をGHQ、朝日新聞の忠実なるワンチャン（犬）であるかのようにあの戦争を「太平洋戦争」と呼び、忠犬を装っているが、我が国の歴史に「太平洋戦争」などという呼称は存在しない。「大東亜戦争」が唯一無二なる呼称である。

大東亜戦争という呼称は開戦から四日後の昭和十六年（一九四一）十二月十二日、東條内閣が「今次の対米英戦は、支那事変をも含め大東亜戦争と呼称す」と閣議決定をしたものである。閣議決定というものは、令和の現在でもそうであるが、天皇陛下の御裁可を得て初めて公開される。それゆえ、呼称を勝手に変更するということは、不敬な行為である。「太平洋戦争」などと呼称を使用する輩はすべて不敬を働いていることになる。半藤一利氏は不敬を働いているのである。

昭和天皇が決断指導され、戦争目的を達成し、尚且つ核兵器を使用不能とした大東亜戦争を「侵略したあげくに、無様にボロ負けした戦争」であると勝手に規定し、昭和天皇を冒瀆しているのである。二千七百年にわたる日の本の歴史の中でも、これほどの奸賊は存しなかったであろう。

もしもその呼称を「太平洋戦争」へと変更するのであれば、もう一度閣議を開いて、呼称変更を閣議決定し、天皇による御裁可を仰がなくてはならない。その手続きを踏まない限り大東亜戦争という呼称を使い続けなくてはならないはずだ。この件、すなわち閣議決定に反する「太平洋戦争」という勝手な呼称変更については、愛国有志が政府を法的に訴え、裁判へ持ち込むことを期待したい。

平成十八年十一月三十日、当時衆議院議員であった鈴木宗男氏が大東亜戦争の呼称について質問主意書を提出しているので、ここに記載しておく。

平成十八年十一月三十日提出
質問第一九七号
大東亜戦争の定義に関する質問主意書
提出者　鈴木宗男

大東亜戦争の定義に関する質問主意書

一　大東亜戦争の定義如何。大東亜戦争という呼称の法令上の根拠を明らかにされたい。

二　太平洋戦争の定義如何。太平洋戦争という呼称の法令上の根拠を明らかにされたい。

三　太平洋戦争に一九四一年十二月八日より前に行われていた日中間の戦争が含まれるか。

四　政府は、いつから大東亜戦争という呼称を用いなくなったか。その経緯と法令上の根拠を明らかにされたい。

五　政府は公文書に大東亜戦争という表記を用いることが適切と考えるか。

右質問する。

衆議院議員鈴木宗男君提出大東亜戦争の定義に関する質問に対する答弁書

一について

昭和十六年十二月十二日の閣議決定において、「今次ノ対米英戦争及今後情勢ノ推移ニ伴ヒ生起スルコトアルヘキ戦争ハ支那事変ヲモ含メ大東亜戦争ト呼称ス」とされているが、お尋ねの定義を定める法令はない。

二及び三について

「太平洋戦争」という用語は、在外公館等借入金の確認に関する法律（昭和二十四年法

衆議院
The House of Representatives, Japan　メインへスキップ
サイトマップ　ヘルプ
音声読み上げ　サイト内検索　検索
本会議・委員会等　立法情報　議員情報　国会関係資料　各種手続　English

衆議院トップページ ＞ 立法情報 ＞ 質問答弁情報 ＞ 第165回国会　質問の一覧 ＞ 大東亜戦争の定義に関する質問主意書

質問本文情報

経過へ｜質問本文(PDF)へ｜答弁本文(HTML)へ｜答弁本文(PDF)へ

平成十八年十一月三十日提出
質問第一九七号

大東亜戦争の定義に関する質問主意書

提出者　鈴木宗男

大東亜戦争の定義に関する質問主意書

一　大東亜戦争の定義如何。大東亜戦争という呼称の法令上の根拠を明らかにされたい。
二　太平洋戦争の定義如何。太平洋戦争という呼称の法令上の根拠を明らかにされたい。
三　太平洋戦争に一九四一年十二月八日より前に行われていた日中間の戦争が含まれるか。
四　政府は、いつから大東亜戦争という呼称を用いなくなったか。その経緯と法令上の根拠を明らかにされたい。
五　政府は公文書に大東亜戦争という表記を用いることが適切と考えるか。

律第百七十三号）等に使用されているが、お尋ねの定義を定める法令はなく、これに日中間の戦争状態が含まれるか否かは法令上定められていない。

四について

　昭和二十年十二月十五日付け連合国総司令部覚書以降、一般に政府として公文書においてお尋ねの呼称を使用しなくなった。

五について

　公文書においていかなる用語を使用するかは文脈等にもよるものであり、お尋ねについて一概にお答えすることは困難である。

＊地図に描かれた作戦地域（範囲）

次に主要な海戦地図に描かれた地域について述べる。

日本海軍は太平洋のみで活動していたわけではない。インド洋マダガスカルでも、大西洋日独連絡でも闘っている。海戦地図だけを出して、あたかも戦は太平洋のみで行われたかのような印象を読者に与えようとするのは如何なものであろうか。

太平洋での海戦の結果、米軍は太平洋に釘づけとなり、東南アジアで日本軍が繰り広げる植民地独立戦に介入できなくなり、大英帝国は崩壊した。そうであるならば、東南アジア地域も作戦地図に含めて描かなくてはならない。

日本軍にとって太平洋は主戦場ではない。アジアの解放を開戦目的として開戦しているわけであるから、独立化対象地域となるのはアジア大陸であり、太平洋の島々ではない。じっさい、帝国陸軍は総兵力七百万名のうち太平洋の島々に配置した人員は二十六万名にすぎないのである。それ以外の兵員は満洲、シナ、東南アジア、日本本土に配置されていた。

半藤一利氏の作戦地図は日本軍のたった四％しか布陣していない太平洋のみを映し出し、開戦目的そのものであったアジア大陸をオミットしているのである。

米国にとって勝ち戦は太平洋にしかなかった。シナ大陸で米支連合軍は日本軍に対して連戦連敗していたし、東南アジアでは欧米植民地は日本軍により次々に独立させられていた。

フィリピン戦域日米布陣数		
太平洋戦域日本軍布陣数		太平洋戦域米軍布陣数
フィリピンの戦い	529,802	1,250,000
小計	529,802	小計　1,250,000

太平洋島嶼域日米布陣数		
太平洋島嶼域日本軍布陣数		太平洋島嶼域米軍布陣数
アンガワル島	1,250	21,000
キスカ島	軍用犬２頭	34,426
エニウェトク	2,812	10,367
クエゼリン	8,782	41,446
ガダルカナル島	36,204	60,000
アッツ島	2,650	11,000
タラワ	2,600	35,000
マキン	353	6,470
サイパン	31,629	66,779
テニアン	8,500	54,000
グアム	22,554	55,000
硫黄島	22,786	110,000
沖縄	116,400	548,000
ペリリュー	10,900	47,561
小計	267,420	小計　1,101,049

フィリピン・太平洋島嶼域布陣数	
日本軍	米軍
総計　797,222	総計　2351,049

フィリピン・太平洋島嶼戦域における日米両軍の戦闘時の布陣兵員数

インドビルマ国境で万歳三唱する日本兵とインド国民軍将兵

三八式歩兵銃を用いて射撃訓練中のビルマ国軍少年兵
戦闘帽には「ビルマ国軍」識別のため白線がいれられている

昭和18年8月1日に独立したビルマ国の国旗

国旗を掲げるビルマ国軍

ビルマ山岳地帯を行く日本軍像部隊

摺鉢山頂上に星条旗を立てる米海兵隊員
このときインドシナ半島では日本軍の協力によりインドシナ3国が独立、フランスの植民地経営は崩壊へ向かっていた。

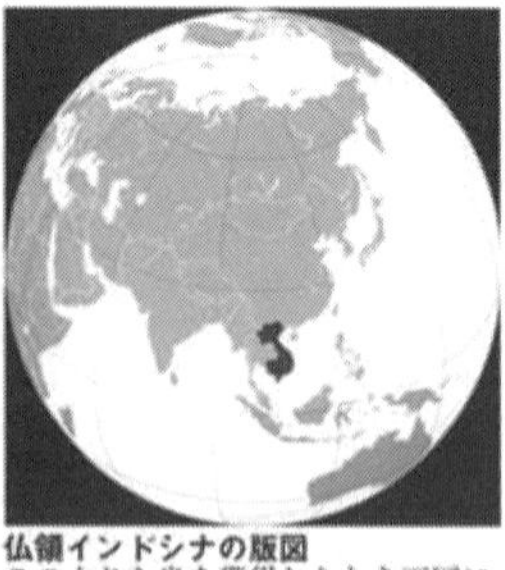

仏領インドシナの版図
この小さな島を獲得したとき下図に示すインドシナ半島を失っていた。
（ウィキペディアより）

硫黄島全景

それゆえ、戦後米国は大東亜戦争という呼称を太平洋戦争に改めさせたのである。

半藤一利氏の太平洋戦史はすべて敵国であった米国のプロパガンダ歴史観を助長するために書かれている。アジア大陸を戦争地図から除外したアメリカ製戦史など日本人にとっては何の価値もない。半藤氏が描きたくないアジア大陸では太平洋での日米海戦の結果、何が起きていたのかについて、いくつかの資料写真を提示しておく。起きていたことはアジアの独立以外の何物でもない。

『太平洋の巨鷲』、『連合艦隊司令長官 山本五十六』を例として、過去本著者たちのどこが間違えているのかについて記したが、賢明なる読者諸兄はすでに理解したものと思う。

戦勝アジア解放論（安濃史観）を基に過去本を読むと、表紙タイトルからして間違いだらけとなってしまうのである。

『米内光政と山本五十六は愚将だった』

アジア解放、人種平等・有色人種の解放、白人優越主義崩壊、奴隷制度廃止の突破口を開いた連合艦隊司令長官　山本五十六が愚将であるはずはなく、それゆえこの本については論外とし、論評対象から外すものとする。

第八章　戦後論壇に山本五十六を論ずる資格はない

保阪正康氏に山本五十六を論ずる資格はあるのだろうか？

帝国政府声明を論文で取り上げながら、帝国政府声明に「アジア解放など一言も書いていなかった」と報告した論客がいる。

保阪正康氏は二〇〇九年三月号の雑誌〝諸君〟の二百ページに論文を掲載している。その論文のタイトルは「開戦時の〝帝国政府声明を読む〟」である。この論文で保坂氏は次のように記述しているので引用する。

もし、〝帝国政府声明〟のなかに、たとえば「この戦争の勝敗は問うところではない、われわれは一六世紀以来の西欧帝国主義のアジア支配を断ち切るために歴史的使命をもって起ち上がった」という一節があり、現実に対中国、対南方政策が西欧列強とは一線を引いての連携という対応をとっていたならば、この戦争の歴史的評価はかなり変わったであろう。日本の国民（臣民）に継承している共同体の倫理規範をもってアジアの国々と接する姿勢が、上部構造の国益の中に含まれていたとするなら、歴史は変わったのである。そうならなかったのがナショナリズム喪失の三年八ヶ月（太平洋戦争）だったと、私は指摘しているのである。

ナショナリズムの昭和
第四十回
開戦時の「帝国政府声明」を読む
保阪正康《ほさかまさやす》 評論家
大衆的支持を得られなかった日本の軍事指導者は、国民を狭隘な価値観へと追い込む必要性に迫られていた

米国が分析した日本の開戦動機

SHOKUN! 2008.3

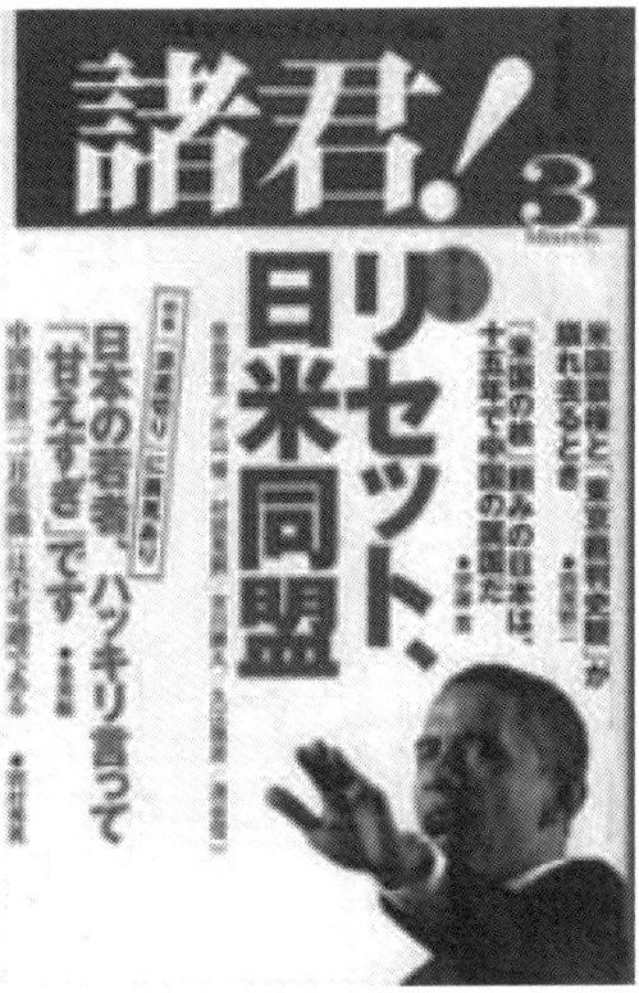

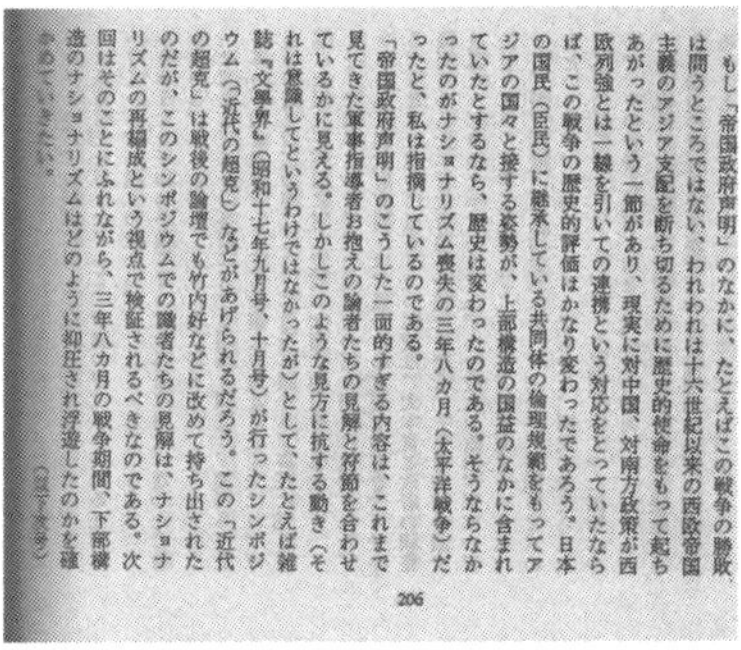

もし「帝国政府声明」のなかに、たとえばこの戦争の勝敗は問うところではない、われわれは十六世紀以来の西欧帝国主義のアジア支配を断ち切るために歴史的使命をもって起ちあがったという一節があり、現実に対中国、対南方政策が西欧列強とは一線を引いての連携という対応をとっていたならば、この戦争の歴史的評価はかなり変わったであろう。日本の国民（臣民）に継承している共同体の倫理規範をもってアジアの国々と接する姿勢が、上部構造の国益のなかに含まれていたとするなら、歴史は変わったのである。そうならなかったのがナショナリズム喪失の三年八カ月（太平洋戦争）だったと、私は指摘しているのである。

「帝国政府声明」のこうした一面的すぎる内容は、これまで見てきた軍事指導者お抱えの論者たちの見解と符節を合わせているかに見える。しかしこのような見方に抗する動き（それは意識してというわけではなかったが）として、たとえば雑誌『文學界』（昭和十七年九月号、十月号）が行ったシンポジウム（「近代の超克」）などがあげられるだろう。この「近代の超克」は戦後の論壇でも竹内好などに改めて持ち出されたのだが、このシンポジウムでの論者たちの見解は、ナショナリズムの再編成という視点で検証されるべきなのである。次回はそのことにふれながら、三年八カ月の戦争期間、下部構造のナショナリズムはどのように抑圧され浮遊したのかを確かめていきたい。

206

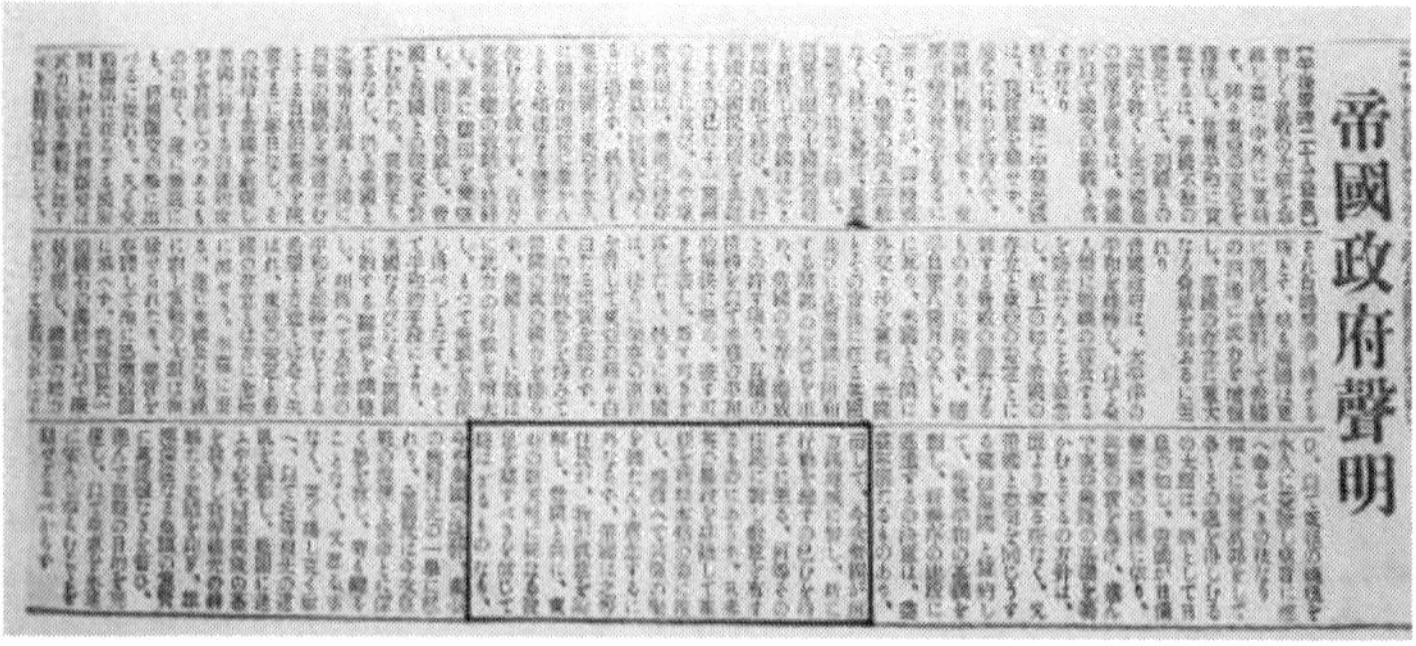
帝國政府聲明

保坂氏は帝国政府声明の中に、アジア解放を謳った文言はなかったと断言しているのである。

保坂氏は意図的に〝アジア独立宣言〟の隠蔽をはかっている。なぜなら、政府声明の後段に「米英の暴政を排除し、本然明朗たる東亜へ復す」と明記されているからだ。

それでは、第一章で既出であるが、そのアジア解放宣言を再び示そう。上の写真は昭和十六年十二月八日午後零時二十分に発表された帝国政府声明文である。黒枠で囲った部分には次のように書かれている。

「而して、今次帝国が南方諸地域に対し、新たに行動を起すの已むを得ざるに至る、何等その住民に対し敵意を有するにあらず、只米英の暴政を排除して東亜を明朗本然の姿に復し、相携へて共栄の楽を頒たんと冀念するに外ならず、帝国は之等住民が、我が真意を諒解し、帝国と共に、東亜の新天地に新たなる発足を期すべきを信じて疑わざるものなり」

次にその現代語訳である。

「今回帝国は東南アジア地域に武力進攻せざるを得なくなったが、それは決して東南アジア住民に対して敵意を持つからではない。ただ、米英から東南アジア住民に対し加えられてきた暴政を排除し、東南アジアを白人によって植民地化される前の、明白なる本来在るべき姿へ戻し、ともに協力して繁栄することを願うからである。大日本帝国は東南アジアの住民たちがこの戦争目的を了解し、東亜に新たなる政治経済体制の構築を目差し共に行動することを疑わない」

保阪氏はまるで、「ないもの（南京虐殺、慰安婦）をあるものとし、あるもの（日本軍によるアジア解放）をないものと捏造する」ことを得意技とする共産主義者のようである。

本書前段で明らかとしたとおり、大東亜戦争は明確なるアジア解放戦争であり、人種平等戦争である。それゆえ、「山本五十六がアジアを解放した」という本書のタイトル通りの結論に至るわけであるが、このような史実を無視隠蔽する輩に戦争指導者を評価する資格など元々存在しないと吾輩は考えるが、いかがであろうか。

帝国政府声明文は大日本帝国による宣戦布告書であり、そこには明白なる戦争目的、すなわちアジア解放が記されている。その戦争目的を否定しながら、山本五十六を評論するなどという行為は許されるものではない。もしも、それをアメリカ独立史に喩えるなら、アメリカ独立宣言を読まずして、ジョージ・ワシントンを語るようなものであるからだ。

半藤一利に山本五十六を論ずる資格はあるのだろうか?

半藤一利氏についても、彼の著作に帝国政府声明を見いだすことはできない。半藤氏はおそらく保阪正康氏が帝国政府声明を扱うまで、その政府声明の存在を知らなかったであろう。それゆえ、半藤氏の多作の中に帝国政府声明を見いだすことはできない。

ただし上記は良心的な見方である。疑った見方をするなら、帝国政府声明を明らかとすることによって、自身の反日自虐史観を自ら否定すること、すなわち過去に発した反日自虐本が無効化することとなるため、自己保身のため存在を知ってはいたが、公にしなかったということかもしれない。おそらく、そうであろう。

いずれにしても、半藤氏の盟友とも言える保坂氏が二〇〇九年三月号の雑誌「諸君!」で帝国政府声明を取り上げた後も、半藤氏は無視を決め込んでいた。そして無視を決め込みながら故人となった。

「昭和の語り部」ではなく、「昭和の作話師」である

半藤一利と保坂正康の両氏はNHKの看板歴史作家であった。

「昭和の語り部」というのが両氏のキャッチコーピであるが、あの戦争の宣戦布告書を無視して、または記載されているアジア解放宣言をなかったことにして、いったいどこが「昭和の語り部」なのだろうか。

フランス革命を人権宣言を無視、ないし全否定しながら語るようなものであり、アメリカの独立を独立宣言を無視、ないし全否定しながら語るようなものであり、ロシア共産革命を共産党宣言を無視、ないし全否定しながら語るようなものである。

十七条の憲法を知らずに聖徳太子を語り、古事記・日本書紀を知らずに国史を語り、五箇条の御誓文を知らずに明治維新を語るようなものである。いったいどこが「昭和の語り部」なのだろうか。

ここに半藤一利、保阪正康の両氏には「アジア解放海軍提督　山本五十六」について語る資格など微塵もないことを明確化しておく。

人種差別と植民地を根絶した大東亜戦争のアジア解放宣言文を保阪氏と半藤氏は無視した。もしもそれが意図的なものであったとするならば、左翼論人として、大日本帝国の英雄化を妨害阻止する目的があったのであろうと思われる。なぜなら日本悪者論を根拠として論壇活動をしてきた左翼にとって、日本がアジア解放の英雄であることが明らかとなると、自らの過去の言動を全否定することになるからである。

ないもの（南京虐殺、慰安婦）をあるものとし、あるもの（日本軍によるアジア解放）をないものと捏造するのは、左翼共産主義者の特技であるが、両氏もまた左翼共産主義論壇の重鎮として自己保身せざるを得なかったと理解することができる。しかしそのような行動は欺瞞であり、隠蔽である以上、歴史研究者としてあるまじき言動であることは間違いない。

〝昭和の語り部〟とまで言われる人士が意図的に歴史をねじ曲げるなどという非道がまかり通るなら、その人士は「語り部」どころか、ただの「キワモノ・酔狂者・作話師・詐欺師・パチモン・バッタヒン」と蔑まれて当然であろう。

そんなつまらぬ人士を〝昭和の語り部〟などと持ち上げてきた我が国のメディア、マスコミ、ＮＨＫこそ「キワモノ・酔狂者・詐欺師」の類いであったといえる。

まさかとは思うが、もしも保阪氏が「只米英の暴政を排除して、東亜を明朗本然の姿に復し、相携えて共栄の楽を分かたんと祈念するに外ならず」という語句を読み過ごしていたとしたら、注意力散漫となるし、読み過ごさずに読んではいたが、その意味を深くは考えなかったというなら、やはり読解力不足ということになる。

マレーコタバル上陸という開戦から十時間後に、天皇陛下の御裁可を得て世界に発表された帝国政府声明という植民地解放宣言の存在を無視し続けて、何が「昭和の語り部」なのであろうか、聖書の存在を知らない人物にローマ法王を務めさせるほど馬鹿げた話である。

帝国政府声明という植民地解放宣言は単なる宣言ではない、それは開戦中に六ヶ国（ミャンマー、フィリピン、自由インド仮政府、ラオス、カンボジア、ベトナム）を独立させ、一ヶ国（インドネシア）に独立宣言を行わせたという実行を伴った宣言である。

アジア侵略のための「建前や言い訳」であったなら、三百万余の犠牲者を出してまで、アジアを独立させる必要などない。独立などさせずに、欧米植民地をそのまま横取りすれば良いだけの話である。ましてや現地人に武器と訓練を与えて、現地独立軍を育成することなど植民地経営には百害あって一利なしである。

大東亜解放戦争は世界の植民地主義と人種差別、白人優越主義を一掃し、白人優越主義の牙城たる米国に黒人大統領を誕生せしめた。その根拠たる帝国政府声明を知らずに大東亜解放戦争を語るなどと言うことは米国の独立宣言書の存在を知らずに米国史を語るようなものである。

〝昭和の語り部〟とまで称えられた人士が帝国政府声明という昭和史において最も重要なる文献を意図的に読み違えたり、その存在すら知らなかったという事実は我が国の戦後史の不毛を語っている。

本日をもって〝昭和の語り部〟と呼ぶことは止めにしようではないか、その代わりに〝昭和の作話師〟という呼称を謹呈しよう。

敗北したのは戦後の歴史戦である

このような自虐歴史家、作家は保坂正康氏、半藤一利氏のみではない。大岡昇平も、司馬遼太郎も自虐作家であるし、保守系と目されるＫＫもＷＳもＮＫもＮＳも、帝国政府声明を無視しているという点で左翼作家と変わらない。要するに右も左もすべての戦後歴史家、戦争作家は「自虐・敗戦・ボロ負け歴史観」を有する左翼なのである。

アメリカの歴史作家に喩えるなら、アメリカ独立戦争を描いた作品を書くに当たって、それを書いた作家、歴史家全員が「アメリカ独立宣言を読んだことがなかったどころか、その存在すら知らなかった」と言うようなものである。それが戦後日本の戦争歴史家であり歴史作家であった。

その一方で、彼らに堂々と論理立てて反論する保守論人が現れなかったというのも驚きである。開戦の日の帝国政府声明を読んで、あの戦争を理解する論壇人は、吾輩が現れるまで誰もいなかったというのも余りにもみっともないこの国の現実である。

日本保守論壇では誰一人として開戦の日の夕刊を読み直さなかったということだ。先祖が成し遂げた大偉業、アジア解放戦争の発起点となった昭和十六年十二月八日の新聞夕刊を、「一体何が起きていたのか」と確認せずに、何十年もの間、保守論陣を張っていたのである。

自分たちの祖国と先祖が成し遂げた人類史上に残る大偉業を評価するどころか、無視、さらに否認する輩のどこが「保守」なのか。もう一度言う、どこが「保守」なのか。彼らは保守ではなく、国賊である。

日本貶めに余念がなかった左翼学者、作家は、GHQから賄賂、その他の利益を受け取っていたと思う。そうでなくてはいくら何でも、ここまでの祖国への誹謗中傷レッテル張りはできない。

さらに、彼らだけでなく、保守論壇や政治家も派閥維持のためのドル札ほしさにアメ公に尻尾を振っていたのだろう。こういった売国奴のせいで、一体何千万人の日本人が祖国を蔑みながら戦後死んでいったのだ。

右も左も国家の英雄であり、アジア解放の英雄である山本五十六の、その人格までも「自虐敗戦ボロ負け侵略史観」で印税という金を儲けるために捻じ曲げた。

大東亜戦争に敗戦があったとするなら、その敗戦は戦後の歴史戦においてもたらされたものであり、もたらした張本人は左翼以上に保守論壇なのである。保守論壇がしっかりしていれば、戦後の歴史戦敗北はあり得なかった。

アジア解放の英雄、山本五十六が命を賭して勝ち得た、アジア解放、人種平等の実現という記念碑に、侵略敗戦ボロ負け史観という泥土を塗りつけたのは左翼だが、それをこし取ることができなかったのは、戦後保守論壇なのだ。

戦後、日本国にはいったい何人の論客、作家がいたというのであろうか？　おそらく著名な論客だけでも数百人を超えるであろう。数百人の論客が全員無能だったということだ。

吾輩の傑作小説『吾輩は猫ではない、宇宙人である』に登場するネコたちにも戦後論壇は笑われている。そのネコとは、三毛宇宙人ののサンケ、茶白のルミ、白ラグドールのモモ、キジトラのヨースケ、シロクロブチのホモ助大魔王様だ。

吾輩（サンケネコ）のネコパンチを喰らう反日作家 HK と HM の反日 LGBT 兄弟ネコ

イラスト：花輪和一

第九章　定番なる戦争観のデタラメ

過去本の著者らが共通して持つ戦争観と、それらのデタラメについて記述する。

「満洲事変こそが悲惨なる敗戦へ至る起点だった」という捏っち上げ

悲劇と終わる戦争は満洲事変に始まったとするのが、過去本著者らの定番戦争観である。アジアの解放独立は満洲建国から始まったと規定するのが安濃史観（戦勝アジア解放論）である。昭和史を語る上で満洲国の独立は極めて重要である。ここでは満洲建国の正当性について詳細を論ずる。

本章では十五年戦争と称されるその戦争の端緒となった満洲建国について、その正当性を以下に証明する。

一九二九年、中ソ国境で中ソ紛争が勃発した。この紛争が東亜の歴史の中で語られることはほとんどない。その理由とは、ソ満国境で発生した中ソによる武力衝突に焦点を当てると、満洲事変による満洲建国が日本軍による侵略ではないことが明らかとなるからである。旧連合国にとっては真に不都合な歴史事象なのである。ここでは拙ブログから引用する。

重大なる歴史事象が昭和史において忘れられている。忘れ去られていると言うよりも、日本共産党とその手下であった東大歴史閥が忘却せしめたと言った方が妥当であろう。

満州事変（１９３２年）の3年前、中ソ紛争が発生している。１９２２年末に誕生したソ連邦はロシア帝国から満洲中東鉄道（東清鉄道）の支配権を継承したが、その支配権をめぐり中華民国政府との間に軍事衝突が発生した。

当時、関東軍（満州駐留の日本軍）はこの紛争は中華民国軍が勝利し、満州に侵入してきたソ連軍を押し返すものと考えていた。それは支那軍の中核であった張学良軍のほうがソ連軍よりも装備の近代化が進んでいたからである。しかし、結果は反対で、ソ連軍は北満を蹂躙した。満洲はソ連により占領され、共産化される危機に陥ったのである。

満州族は17世紀初頭にこの満州から北京へ出でて清国を樹立したのだが、20世紀初頭における清国崩壊により行き場を失っていた。それゆえ、満州族は祖先の地である満州に独立国家を樹立する希望を抱いていた。また、関東軍は日露戦争で得た満州権益を守る責務を負っていた。中華民国軍の敗退は関東軍と満洲族に大きな危機感を抱かせた。ソ連による満州併合と共産化という脅威である。その脅威への対抗策が満州独立だったのである。

中ソ紛争はパリ平和条約が破られた最初の事変である。パリ平和条約を最初に破ったのは日本であったと共産党左翼、東大左翼は宣うが、実のところ最初にパリ平和条約を反故にしたのは東大共産党左翼のご主人様であったソビエト社会主義共和国連邦であったのだ。嘘つきとは東大共産党左翼の別称である。

日本共産党左翼と東大左翼歴史閥、ＮＨＫ、旧連合国、東京裁判はなぜかこの中ソ紛争に蓋をして、あたかも関東軍が満洲利権を確保するため、勝手に行動を起こし、満洲国を捏ち上げたかのように歴史を捏造している。なぜ日共左翼・東大歴史閥、ＮＨＫがこのようにソ連邦に有利となる歴史観を捏造したのであろうか、その理由は簡単である。

日本共産党とＮＨＫはソビエト共産党の犬だったからである。

満洲建国が西側民主主義陣営にとって必須の役割を担っていたことは戦後の歴史推移を視れば明らかとなる。満洲国が崩壊した途端、シナ大陸は共産化し、北部朝鮮半島、チベット、東トルキスタン、ベトナムまでもが共産化した。

いったいルーズベルト、トルーマン、チャーチルによる大日本帝国叩きとは何であったのであろうか。広島・長崎への核爆弾投下によって米英が得たものは次の通り：
＊満洲国の崩壊
＊シナ大陸共産化
＊蔣介石中華民国の台湾逃亡
＊米英仏シナ利権喪失
＊第一次インドシナ戦争勃発
＊北ベトナム（ベトナム民主共和国）の独立とフランスインドシナ植民地喪失

＊朝鮮戦争勃発
＊ベトナム戦争勃発
＊シナの核武装化
＊北朝鮮の核武装化
＊ソ連の核武装化

これらの事象はすべて満洲国崩壊に起因している。もしも満洲国が健在であれば、シナ大陸の共産化は起きなかった。満洲がボリシェビキ（ソ連型共産主義）の南下を防ぐための防波堤として機能していたからである。

満洲国消滅は米英仏に対しシナ、インドシナ半島の共産化と利権の喪失をもたらした。満洲国が建国されたとき、国際連盟を牛耳っていた米英アングロサクソンは「リットン調査団」を国際連盟の名の下、現地調査に派遣し、満洲建国は満洲民族による自発的独立ではなく、日本軍による強制的独立であったと報告した。その結果、国際連盟は大日本帝国を侵略国と断罪し、大日本帝国が連盟を脱退するという結果を招いた。

米英アングロサクソン肝いりのリットン調査団とは何だったのかと問われるなら、その答えはシナの共産化とそれに伴う米英仏の利権喪失のための調査団だったと結論するほかない。歴史がその結論が正しいことを証明している。

共産化したシナは英領香港を蹂躙し、北朝鮮とともに核ミサイルで米国に照準を合わせている。

米英は戦後、大日本帝国による侵略戦争は満洲事変から始まったと吹聴しているが、上に検証したとおり、それは米英によるシナ大陸支配の終結戦争の始まりだったということである。

あの戦争で米軍は日本軍の暗号を解読していたという捏っち上げ

帝国海軍で暗号班を率いていた幹部が月刊誌「丸」で語っていたことである。

「米軍は日本海軍の暗号を解読しており、それによって作戦に勝利したと言うことが言われているが、暗号担当者として言わせてもらうなら、解読されたことなど一度もない。解読された痕跡など一つもなかった。解読していたなどと言うのは戦後になって米軍が捏造したプロパガンダである」

アングロサクソンは〝暗号解読偽装〟が大好きである。〝暗号戦〟とは頭脳戦である。それゆえ敵の暗号を解読することができれば、自分たちは敵より頭が良かったと自慢できるからだ。優越感に浸れるのだ。

米軍は暗号解読には成功していない。成功していたなら、真珠湾であれだけの被害を出すこともなかった。沈められても構わないオンボロ軍艦だけを囮に残して、貴重な空母だけを避難させていたなどというのは、戦後になって米軍と共産党、ＮＨＫ、左翼歴史閥が捏っち上げた大嘘である。

開戦時に米海軍が保有していた戦艦は十七隻、うち九隻が太平洋に配備され、うち八隻が真珠湾に配備されていた。

開戦時に真珠湾に配備されていた艦艇は戦艦八隻、重巡洋艦二隻、軽巡洋艦六隻、駆逐艦三十隻、その他四十八隻。損害は戦艦四隻沈没、戦艦一隻座礁、戦艦三隻損傷、軽巡洋艦三隻損傷、駆逐艦三隻座礁、戦死二千三百三十四名であった。

真珠湾奇襲の結果米海軍は保有戦艦のほぼ半数、太平洋に配備された戦艦のほぼすべてが沈没損傷したのである。暗号を事前に解読し、日本軍への囮・生け贄として差し出したにしては気前が良すぎではないだろうか。結果的に太平洋における全海軍力を差し出し、自ら壊滅させたことになる。

もしも暗号をわざと解読させることによって、敵国が囮生け贄の軍隊を差し出し、それを壊滅させることができるなら、いくらでも解読してもらおうではないか。

沈められても構わない、スクラップにするはずの戦艦をなぜ真珠湾攻撃後に引き上げて、多額の費用をかけて修理し、再使用しているのだろうか。引き上げ、修理してまで使いたい戦艦なら最初から空母と一緒に港外へ避難させていたはずである。この事実からしても真珠湾攻撃の暗号電文を米軍側が解読していたなどというのは戦後米国と日本共産党、ＮＨＫ、左翼歴史閥が「米軍を強く、日本軍をマヌケ」に見させるために捏っち上げた大嘘であることは明らかだ。

日本軍の作戦暗号をすべて解読していて、なぜ数次にわたるソロモン海戦で惨敗し、稼働可能空母が全滅したのだ。なぜ米軍はガダルカナル島で約一万五千名もの戦死戦傷者を出してしまったのだ。なぜ数日で落とせると見込んでいたペリリュー島（米軍損害：戦死二千三百三十六、戦傷八四百五十、戦病二千五百以上、損失合計一万三全二百八十六）、サイパン島（戦死 三千四百四十一、戦傷一万千六百八十五、戦死戦傷合計一万五千百二十六）、硫黄島（戦死 六千八百二十一、戦傷 一万九千二百十七、戦死戦勝合計二万六千三十八）の占領に何ヶ月も浪費したのだ。

日本軍の作戦暗号を全て解読しているのに、なぜこんなに損害を出すのであろうか。暗号解読などできていなかったということである。

日本軍の暗号をすべて解読していたそうだが、すべてを解読していて、太平洋の小島の争奪戦に大損害を被り、三年八ヶ月もの時間を浪費するはずがない。

日本陸軍の暗号も外交暗号もすべて解読していたそうだが、そうであるなら日本軍によるシンガポール攻略が海上からではなく、マレー半島沿いの陸路から行われることをなぜ予知できなかったのだ。ミッドウェー作戦に関する日本海軍の暗号をすべて解読しておきながら、なぜ空母ヨークタウンが撃沈されるという失態を演じたのだ。日本海軍の暗号をすべて解読しておきながら四ヶ月後に起きた南太平洋海戦では、なぜ、なけなしの残存空母二隻（ホーネット、エンタープライズ）を撃沈大破させられ、空母機動部隊は全滅したのだ。

それほど暗号解読に長けていた米軍が、なぜ太平洋島嶼戦でたった二十六万の日本兵に手子摺って十四万もの戦死者を出したのだ。なぜいとも簡単にフィリピン植民地を独立させられたのだ。なぜ大英帝国は崩壊したのだ。理由は簡単である。暗号解読などまったくできていなかったからだ。

米軍は暗号解読のために初歩的な真空管式のコンピューターまで作り、それにより暗号解読に成功したそうだ。嘘を言うな。何万本もの真空管を使い、体育館ほどの大きさがあり、なのに今で言えば電卓にも遠く及ばない性能しかなく、一本の真空管が切れると、たちどころに機能停止に陥る代物で複雑な暗号解読などできるはずなどないではないか。もしも真空管式コンピューターで斯様に暗号解読ができるなら、コンビニで五百二十円で売っている電卓で軍の暗号を解読できるはずである。

アングロサクソンは〝暗号解読できたぞ詐欺〟がお好きである。しかし、馬鹿だからすぐばれる。

だいいちに日本軍の開戦目的であったアジアの解放独立を阻止できなかった〝暗号解読技術〟など、なんの意義があるというのであろうか。

マレー半島を南下する帝国陸軍銀輪部隊
イラスト：花輪和一

タイ－ビルマ国境に広がるジャングルを進む日本軍像部隊
イラスト：花輪和一

象と共にタイ、ビルマ国境の
密林を進軍する日本兵

太平洋島嶼戦で日本軍による陽動囮作戦に引っかかって「飛び石作戦」させられながら、日本軍の暗号を解読することなど何の意味があるというのであろうか。

注：山本五十六機の暗号解読による撃墜プロパガンダについては第十章で詳述する。

南方石油資源確保のための無謀なる開戦であったという捏っち上げ

欧米アジア植民地解放という戦争目的を達成し、欧米を逆経済封鎖（結果：欧州各国はEUへ逃亡）することに成功した戦争が無謀なはずなかろう。無謀だったのは欧米である。なぜなら彼らは全ての植民地とそこに飼っていた有色人種奴隷を失ったからである。

戦後日本の経済成長は独立したアジア中東各国が日本が経済成長するに必要な石油、鉄鉱石、石炭、綿花などの資源を輸入させてくれたから実現した。大東亜共栄圏は大東亜会議（一九四三年）・バンドン会議開催（一九五五年）において実質的に完成した。高度経済成長をもたらした戦争のどこが無謀なのだ？

核戦争を止めるための戦争放棄＝終核戦争＝終戦へ至る前に日本軍はアジア六ヶ国（ミャンマー、フィリピン第二共和国、自由インド仮政府、ベトナム、ラオス、カンボジア）を独立させ、国家承認を与え、インドネシアに独立を宣言させた。アジア各国の独立は中東アフリカの独立、米国黒人解放運動へと繋がり、すべての有色人種を白人による奴隷支配の鉄鎖から解放した。

それの何が悪いのだ？

あの戦争が無謀だったなどと言うのは戦後共産党と日教組、ＮＨＫ、左翼出版社、左翼新聞が自分たちの立場を取り繕うために捏っち上げたプロパガンダである。信じてはいけない。

ＳＮＳでの保守系東大名誉教授の発言

読者諸兄が貴重な電力を使えるのは、インドネシア、ブルネイ、イラン、イラク、クエート、アブダビ、サウジなどが大東亜戦争の結果、英蘭から完全独立を達成し、発電に必要な石油を日本に輸出してくれているからである。

靖国に眠る英霊の一人一人が現在アジアに生きる人たちと私たち日本人に電気を届けてくれているのである。戦前は植民地奴隷たるアジア人が電気をふんだんに使えるという状況など考えられなかった。

某ＳＮＳで東大名誉教授のＫＫがこう言っていた。

「日本軍はアジアの独立を意図してアジアに侵攻したわけではないが、アジアで米英と開戦すれば、米英植民地を解放することになるから、当然アジアは独立することになる」

なぜこんなに頭の悪い奴が東大教授をやっているのだろうか。

この東大名誉教授は前述した帝国政府声明内のアジア解放宣言を読んでいない。大日本帝国による宣戦布告書の存在も知らずに保守論壇をはってきた不届き者である。

この東大教授の発言は以下の点でおかしい。

「南方に進出したとしても、欧米植民地を独立させる必要などない。植民地を横取りする方が日本の国益にかなう。植民地独立が目的でなかったのなら、なぜ植民地を横取りしなかった？」

結局この教授の言わんとしていることは次の通り。

「石油を盗みにアジアに行ったら、結果としてアジアを独立させてしまったから、日本人はその行いを誇りとすべきだ」

言い換えれば、「泥棒に入ったけど、結果として良いこともしてやったから偉大である」とこの東大教授は言ってのけているのである。

もう一度問いたい、なぜこんなに頭の悪い奴が東大教授をやっているのだろうか。同じ東大教授FNのように、前任教授の娘を嫁にしたからなのだろうか。

そんな先祖の窃盗行為を子供に教えることができるのだろうか。

子や孫に「お爺ちゃんは泥棒しに押し入ったけど、結果としては良いことしたんだよ」などという話を教科書に載せる気だろうか？

こんなにＩＱの低い奴が東大教授とは嘆かわしい限りだ。解雇しろ。

ミッドウェー海戦が勝敗の分かれ目だったという捏っち上げ

ミッドウェーが勝敗の分かれ目で、ミッドウェー以降、日本が敗戦の坂を転げ落ちていったそうだ。このギャグはどこの三流芸人のお笑いネタなのだ？

戦争目的喪失という敗戦への坂道を転げ落ちていったのは米国である。

米海軍は残存三隻の空母の全てをミッドウェーに投入し、空母ヨークタウンを撃沈され、残存空母はホーネットとエンタープライズのたった二隻となってしまった。ミッドウェーで四隻の空母を沈められた日本軍にはまだ七隻の空母が残っていたが、米軍には二隻しか残っていなかった。そして、そのたった二隻の空母で四ヶ月後の一九四二年十月二十六日に生起した南太平洋海戦に臨んだ。その結果、米海軍は空母ホーネットが沈没、エンタープライズが大破という大損害を受け、米空母部隊は壊滅した。

もしもミッドウェーでヨークタウンが沈んでいなければ、南太平洋海戦での勝敗は違ったものとなっていたかもしれない。

昭和十八年に入ると米海軍はすっかり鳴りを潜めてしまった。

昭和十八年、日本軍はいよいよ開戦目的であった大東亜の独立を具体化していくことになる。八月一日にビルマ国が独立、十月十四日フィリピン第二共和国が独立、十月二十四日自由インド仮政府が独立し、十一ヶ国から国家承認を受けた。さらに、十一月六日には、大東亜会議が開催され、民族自決、人種平等、自由貿易の実現を謳った大東亜宣言が採択された。

もしも米海軍に強力な空母部隊が残存していたなら、再びドゥーリトル爆撃隊を繰り出して、フィリピン独立と大東亜会議開催を粉砕したかったであろうが、残念なことに米海軍に稼働空母は一隻も残っていなかった。

大日本帝国の戦勝、すなわち戦争目的の達成は昭和十八年に半ば確定した。

お笑いネタをもうひとつ紹介しよう。

ミッドウェー海戦で米軍は日本側の空母四隻を沈めて「完勝」したそうだが、実はその翌日、在フィリピン米軍は本間雅晴陸軍中将率いる帝国陸軍第十四軍に全面降伏した。アメリカは日本空母四隻を沈める代償として、植民地フィリピンを失ったのだ。

ミッドウェーで敗北したのは虎の子の空母ヨークタウンを喪失した米軍である。おかげで大日本帝国はその戦争目的を達成することができたからだ。

日本全土は焦土と化したという捏っち上げ

反戦反日左翼学者のＩＭが言うには、終戦時わが国はすべての都市が焼け野原となり、人々は住む場所も食料もなく困窮していたそうである。

多くの都市がいまだ健在であったことは本土八千万の人口のほとんどが生き残っていた

ことでも明らかである。多く見積もって、空襲で百万人が死傷したとしても、本土全人口八千万のうちのたった百万である。被災面積は約六万四千ヘクタール、ちなみに本土面積は三千七百万ヘクタールである。約二百の都市が空襲を受けたが、壊滅したのは広島、長崎くらいであり、東京も大阪も都市機能を失ったわけではない。その他の都市もその一部が被災しただけにすぎない。二百ということは五十一都道府県でならすと、各県四都市しか爆撃を受けていないではないか。たった四都市である。各県に都市は四つしかなかったとでも言うのであろうか。吾輩が暮らす北海道には二百二十の自治体があったが、そのうち空襲を受けたのは数都市に過ぎない。全国的に見てもその程度である。

第一いくら米軍でも、全都市を消失させるだけの爆弾も航空機も保有などしていなかった。全都市が消失したなどと言うのは嘘である。米軍の空襲によって日本全土が焦土と化したなどと言うのは、日本共産党とＧＨＱが旧日本軍を貶めるために捏造したデマである。日本本土爆撃の何倍もの爆弾を投下したベトナムでも、すべての都市を焦土と化すのは不可能であった。なのになぜ日本だけが全都市が焦土と化すのであろうか。デタラメもいい加減にせよ。

ＩＭよ、「日本全土が焦土と化した」という前に、その数値的根拠について考察せよ。国土の何パーセントが消失したのか計算してから話されよ。各県で四都市しか部分的空襲を受けておらず、同県内のその他の都市は空襲すら受けていないのである。どうすれば全都市が焦土と化すのであろう。共産党・日教組とその御用学者であるＩＭの低脳ぶりは底なしである。

　東京都の被災状況を調べてみる。東京二十三区の全面積は六百二十六・七万平方キロメートル、東京都全体の面積は二千百九十一平方キロメートル。B29爆撃機による焼失面積は下町を中心に四×六＝二十四平方キロメートルであった。ということは爆撃で更地にされたのは二十三区のたった三・八％、東京都全体の一・〇九％である。これでどうして東京は焼け野原にされたといえるのだ？

空襲後の墨田区

　更地にされたはずの東京都がなぜ都市機能を失わなかったのか、その理由は焼け野原になったのはたった一％で、九十九％は何の被害も受けていなかったからだ。

　文系左翼は東京どころか日本全体が焼け野原になったと宣う、日本軍はそんなに弱かったし、市民を犠牲にしたと見せかけるためだ。共産党員に占拠された新聞、放送、教育界が国民を洗脳し、大衆はまんまと騙された。

制空権を確保すれば勝利できるなら、米国はなぜ、朝鮮戦争、ベトナム戦争、アフガン戦争で勝てなかったのだ？

核爆弾投下が昭和超帝に終核戦争を決断させたが、それは実被害による決断ではない。その残虐性ゆえ使える兵器としてはならないと陛下が決心したからである。実被害なら関東大震災のほうが大きかったし、それにも日本人は耐えて克服した。B29による通常爆撃など猫パンチにもなり得なかったというのが実態である。

写真は墨田区の一部であるが、この焼け野原状態が東京都一円に広がっているかの如きトリックを使い国民を騙した。何倍もの爆弾焼夷弾を投下したベトナムでも焼け野原にできなかったのに、なぜ日本は焼け野原にされたのだ？

い号作戦は失敗だったという捏っち上げ

反日左翼作家はい号作戦を無駄な戦いであったと結論づける。ソロモン、ニューギニア方面での戦果のみから結論づけるからそうなるのである。反日蔑日左翼作家はあくまでも近視眼的であり、大局を視ようとしない。いや大局を視る能力がないのである。

い号作戦が行われていた頃、アジア大陸では何がなされていたかを考察するなら、山本五十六が類い希な知将であったことが証明される。

結論から言えば、山本は独立準備中のアジア大陸に米軍を寄せ付けないため、ソロモン―東部ニューギニア方面で闘っていたのである。

＊ガダルカナルは囮の餌だった

東亜大陸から最も遠隔にあるソロモン諸島で米軍の反攻作戦を開始させ、米軍をアジア大陸に寄せ付けないことがガダルカナル戦の目的である。囮作戦にすぎなかったから、ある時点で一万人もの残存兵を撤退させ、今度は東部ニューギニア、ブーゲンビルでの消耗戦に米軍を引きずり込んだ。

ガダルカナル戦の頃、ビルマ、フィリピンでは占領した日本軍と各国独立派により、独立準備が進められていた。

当時、マレー、シンガポール戦で日本軍に投降した英軍内の元インド兵達による、対英独立軍となるインド国民軍（後に現在のインド軍となる）の編成が完了していた。この軍隊は「白人支配からアジアを解放するための組織」とされた。

一九四三年二月八日、ドイツでインド独立運動をしてきたチャンドラ・ボースが乗り込んだドイツ海軍のＵボートＵ１８０がインド国民軍と合流するため、フランス大西洋岸のブレストを出航していた。

い号作戦が発動中、東南アジアでは米英植民地の独立準備がほぼ完了していたのである。

そしてい号作戦終了から四ヶ月後の一九四三年八月一日にビルマ国が独立し、十月十四日にフィリピン第二共和国が、十月二十四日にはチャンドラ・ボース首班の自由インド仮政府が独立した。これらの新生独立国家は枢軸側各国から直ちに独立を承認された。

い号作戦は米豪白人軍を東部ニューギニアに足止めさせるための牽制作戦である。そしてアジアは独立し、大英帝国は崩壊した。そう考えるなら、い号作戦は大成功であったことになる。

伊号 29 潜水艦に移乗したチャンドラ・ボース
（1 列目左から 2 人目）

い号作戦以降、米軍は太平洋島嶼の飛び石作戦によって太平洋を北上する道を選んだ。その結果、終戦まで二年四ヶ月という時間を浪費し、その間アジア大陸の日本軍はベトナム、ラオス、カンボジアというインドシナ三国を独立させ、インドネシアに独立を宣言させた。

米軍は山本五十六がその

起点を作った飛び石作戦にひっかかり、大英帝国を崩壊させたのである。

山本五十六は昭和十八年四月十六日のい号作戦終了の翌々日にこの世を去った。まるでアジア独立への道筋を付け終わってから、天から作戦指導するかのように旅立ったように思える。

ハルノートは日本を開戦させるための罠だったという捏っち上げ

偽装平和外交を行い、米国にハルノート発出させ、ハルノートを開戦名目とし、真珠湾奇襲を決行した。奇襲を隠蔽するために偽装平和外交を駆使、偽装外交交換船である龍田丸まで進発させた。その結果、真珠湾を攻撃され大損害を被った米国は否応なしに大日本帝国が意図した「大アジア解放戦争」に誘き出された。

大日本帝国は太平洋戦域で囮作戦を展開、米軍を太平洋島嶼戦で消耗させる間、東南アジアでは自由インド、ベトナム、ラオス、カンボジア、ビルマ、インドネシア、フィリピンを独立させ、開戦目的を達成した。目的達成後、米軍が腹いせに原爆を使用したため、負けてもいない戦争を負けたことにして「終核戦争」とした。偽装外交に騙されたことは米国側も認めている。米国も認めている偽装外交の存在を無視しているのは、あろうことか日本の保守論壇のみである。東京裁判まで偽装外交の存在を認めているのに、なぜ日本論壇は「偽

ハルノートの真実
イラスト：花輪和一

装」の「ぎ」の字も発しないのだ。東京裁判ですらその判決の中で米国が偽装外交に騙され参戦したことを認めている。腹案論、コミンテルン陰謀論、ルーズベルト陰謀論などゴミ箱に捨てよ。東京裁判が否定しているからだ。

日本はコミンテルンの陰謀に嵌められ開戦したという捏っち上げ

東亜解放は維新以来の願望（玄洋社）であったゆえ、陸軍参謀本部の稲田正純大佐と岩畔豪雄中佐が立案した。超帝ヒロヒトがコミンテルンに騙されるほどの間抜けだったとでも言うのだろうか。無礼なことを言うな。東亜6ヶ国は開戦中に独立、国家承認を受けた。すなわち開戦目的を達成したのは日本である故、戦勝国は日本となる。一方欧米連合国は開戦目的である植民地の防衛に失敗した、それ故欧米各国は敗戦国家となる。

日本はポツダム宣言を受諾して無条件降伏したという捏っち上げ

ポツダム宣言自体が自らに条件付して縛りを掛けている（東條英機弁護人：清瀬一郎氏談）。どうやったら無条件降伏できるのだ？　無条件降伏は日本軍に対してであって日本国に対するものではない。しかも日本軍はアジア全域の解放独立という開戦目的を成し遂げた後で

あったから、それ以上戦う意味を失っていた。喧嘩で勝った後だから、降伏すれというなら
しても良いよということである。消化試合という奴だ。

アジア解放は建前だったという捏っち上げ

欧米列強はアジア植民地を拠点にして日本に経済封鎖を仕掛けてきた、それゆえアジアを独立させて逆経済封鎖（植民地解放独立）を強要する必要があった。自存自衛とアジア解放は車の両輪だった。

大東亜戦争はアジア解放戦争であったと主張すると、「それは建前であって本音ではない」と反論してくる反日左翼が存在する。そこで吾輩は「本音ではないと決めつけるなら、その証拠文献を示せ」と反論者に要求する。すると「建前であって、本音ではないと書いた文書など残すはずない」と言って逃げようとする。そこで吾輩は「そんなことはない、建前であって本音ではないから真に受けるな、という文書が残っているはずだ。それを探し出してこい、探し出せないなら、証拠文献はなしということになり、その言い分は歴史論にはなりえず、ただの私的妄想ということになる。なぜなら、歴史学とは証拠文献をもとに論議される学問であり、書物が残っていない事象について論議される学問ではない。考古学とは違う」と言う。

驚くべきことに「本音と建前」という曖昧模糊とした語に反日左翼分子は逃げ込み、結論

を有耶無耶にしようとする。

反日分子だけでなく保守論客にも「本音は資源の獲得だった。アジア独立はあくまでも建前だった、しかし、たとえ建前であれ、アジアは独立できたのであるから、それはそれで良いではないか」などと、真摯にアジア解放を目指し戦った英霊を愚弄する輩が存する。嘆かわしい限りだ。

本章では建前と本音という言葉を定義しようと思う。歴史学を論理化する上で必要と考えるからだ。また上記のような「建前・本音論」という漠然模糊とした領域に逃げ込もうとする輩の逃げ道を閉塞するためである。

結論から言えば、次のようになる。

「建前と本音を峻別することは不可能である」

アジア解放なんて建前ですよと宣う輩には、逆に質問すればよい。

「今の貴殿の発言は本音ですか、それとも建前ですか、本音なら、その科学的証拠を開示願いませんか」

これで左翼は返答に行き詰まる。嘘発見器でも持ち出さないかぎり、建前か本音であるかの判定などできるはずはない。またたとえ嘘発見器を使ったとしても、百パーセント信頼できるかという問題も発生する。本音かどうかなど次に示す客観的データで判断するしかない。

インド独立を目指す藤原岩市陸軍大佐（F 機関機関長）とインド人投降兵代表モーハン・シン大尉がインド独立へ向けて連携することを確認。（1942 年）

独立かそれとも死か
全アジア女性の輿望に応え、訓練に励むインド国民軍婦人部隊

ラングーンを行進するインド国民軍（1944 年）

1　宣戦布告書（帝国政府声明）に開戦目的はアジア解放であると明記されていること。
2　開戦中にマレーシアを除くアジア六カ国を独立させ、一カ国に独立宣言を行わせていること。
3　昭和十八年十一月六日、大東亜会議を開催し、人種平等という戦後世界体制の基盤を形成したこと。
4　アジアの独立はアフリカの独立、アフリカの独立は米国での黒人解放運動の覚醒と黒人大統領の誕生に繋がったこと。
5　ベトナム、インドネシアでは戦後も残留日本兵が独立戦争を戦い、完全独立を達成したこと。
6　日本軍は独立させた各国に独立維持のための軍隊を持たせたこと。

以上の戦争結果を踏まえれば、独立実現度は百パーセントである。それゆえ、大日本帝国によるアジア解放は正真正銘「本音」であったと判定する。

「アジア解放建前論」は歴史思考においては何の意味も成さないお門違いの論法である。日本軍によるアジア解放はただの「建前」にすぎなかったとしても、だからといって一度獲得した独立が取り消されるわけではない。歴史思考に必要な項目は「何が起きたのかという事象」のみであり、建前で起こされようが、本音で起こされようが発生した歴史事象に変わりがあるわけではない。建前だったたか、本音だったかという研究は心理学ですべき事柄である。

日本は米軍にボロ負けしたという捏っち上げ

ボロ負けしたはずなのになぜ米国植民地であったフィリピンを独立させ、大英帝国を消滅させたのだ？　ボロ負けしたのは核兵器使用まで追い詰められた連合国だ。

大陸打通作戦の大勝利を無視するという捏っち上げ

米軍がサイパンで「勝った勝った」とはしゃいでいた頃、英軍がインパールで「勝った勝った」とはしゃいでいた頃、支那大陸では日本軍が発動した大陸打通作戦に米支軍は大敗北を期していた

大陸打通作戦についてウィキペディアに詳述されているので引用する、

大陸打通作戦（たいりくだつうさくせん、英語 operation ichi-go）は日中戦争中の１９４４年（昭和19年）４月17日から12月10日にかけて、日本陸軍により中国大陸で行われた作戦。

日本軍参加戦力：
兵力：500000

進軍する日本軍の機甲部隊

正式名称（日本側作戦名）は一号作戦。その結果発生した戦闘についての中国側呼称は豫湘桂会戦。前半の京漢作戦（コ号作戦）と後半の湘桂作戦（ト号作戦）に大きく分けられる。

日本軍の目的は当時日本海軍の艦船や台湾を攻撃していた爆撃機を阻止するために、中国内陸部の連合国軍の航空基地を占領することと、日本の勢力下にあるフランス領インドシナへの陸路（大東亜縦貫鉄道）を開くことであった。日本側の投入総兵力50万人、800台の戦車と7万の騎馬を動員した作戦距離2400kmに及ぶ大規模な攻勢作戦で、日本陸軍が建軍以来行った中で史上最大規模の作戦であった。

火砲：1500
戦車：800
自動車：12000
馬：70000
連合軍参加戦力：
兵力：1000000
日本軍損害：
戦死・戦病死者：100000
連合軍側損害：
死傷者：450000
捕縛捕虜：40598
損失火砲：6723
損失航空機：190

大陸打通作戦において日本軍と汪兆銘南京国府政府に敗北した蔣介石は日本との和平の道を探り始めた。このままでは重慶政府の維持は難しいと判断したからである。

一方、在支米軍はどうだったかというと、これが弱兵であった。ようするに欧州戦線と太平洋戦線で手一杯の米国は支那大陸には劣悪なる兵士しか送れなかったのである。当時の日本兵の手記によれば、在支米航空軍には多くの女性パイロットが航空機を操っていたと記されている。大陸打通作戦で米支軍の航空損失が大きいのはそのせいであろう。

在支米軍の指揮官であったジョセフ・スティルウェル将軍は蔣介石の無能ぶりと軍の腐敗堕落ぶりをルーズベルトに報告している。このような米支連合軍であるから特攻玉砕をも厭わない精鋭日本軍に勝てるはずはなく、その結果、連合軍側の支那前線はビルマ国境付近を除けば総崩れとなっていたのである。

米軍は昭和十九年の春から夏にかけて行われた太平洋マリアナ諸島での戦いを〝大勝〟したなどとほざいているが、同じ時期に支那大陸では大陸打通作戦と拉孟 騰越の戦いで八十二万名もの戦死・戦傷・捕虜を発生させていたのである。どこが戦勝国なのだ。

昭和十九年と言えば「日本は敗色が濃くなり」などと形容されるが、その実態は太平洋では島嶼の占領を巡って、日本軍はサイパン、テニアン島、グアム島、ペリリュー島、トラック環礁などで米軍と消耗戦を戦い、米軍主力を東亜大陸に上陸させないよう陽動囮作戦を繰り返していた。そして、大陸では米支合同軍を撃滅しながら、残る独立対象地域であるインドシナ半島とインドネシアの独立準備に全力を挙げていたのである。

太平洋の島嶼戦だけを切り取り、そこにスポットライトを当ててクローズアップすれば、あたかも昭和十九年の春から秋にかけては連合軍が大勝し、日本とアジア合同軍（インド国民軍、ビルマ国軍、汪兆銘国府軍他）は大敗北を期していたかのような錯覚を与える。しかし歴史データを科学的に分析すれば、その分析結果は逆の結論を導き出すのである。

昭和十九年は、日本軍による太平洋陽動囮作戦が成功し、米軍は小さな島々などへの攻撃と占領に手子摺っている間に東亜大陸では、その前年に独立を果たしたビルマ、自由インド、フィリピンがその独立を確たるものとし、インドネシア、ベトナム、カンボジア、ラオスが独立への準備を終わりつつある年であった。

大陸打通作戦で敗北し、拉孟 騰越で大損害を出した米英支軍にはさらに東南アジアへの南下を続けて、ビルマ、タイ、マレー、インドシナ、インドネシアという東亜地域から日本軍を追い出し再占領して、日本軍が東南アジア各国に与えた独立ないし独立準備を帳消しにする余力など喪失していたのである。

頼みの米国海軍は太平洋の小島で日本軍玉砕部隊に遊ばれていた。そんなに米国海軍が強いのなら、なぜ大陸打通作戦阻止のために支那沿岸地域へ空母部隊を派遣しなかったのだ、派遣していれば大英帝国の崩壊を防げたかもしれない。要するに弱体だったから大英帝国の消滅を防げず、仏領インドシナの独立を防げず、インドネシアの独立を防げなかったのである。

ここにも勝ち戦のみにスポットライトを当て、クローズアップすることにより「勝った振り」を演出する米国特有の「勝った振り詐欺」を見ることができる。

戦前の日本は軍国専制主義の国だったという捏っち上げ

日本は明治憲法下で立憲君主制の議会制民主主義国家となっており、戦後議会が開設されたわけではない。

日本はB29にボロ負けしたという捏っち上げ

B29による絨毯爆撃を受けたのは一万二千もあった日本の市町村の数十都市にすぎなく、B29搭乗員の戦死戦傷者は三千人以上に及ぶ。戦傷者も入れると総死傷者数は五―六千人に達するとみられる。なんと神風特攻による損失と同等かそれ以上なのである。B29こそカミカゼだったということだ。

一九八九年一月末、吾輩はアイオワ州立大学（AMES校）航空宇宙工学科に客員研究員として滞在していた。研究テーマは火星表面の砂嵐の風洞模型実験である。研究仲間のアイバーセン教授のお兄さんはB29の機長として何度も出撃したそうである。教授の兄は日本本土に近づくたびに恐怖で足が震えたと語っていたそうだ。

編隊を組む同僚機が日本軍機による迎撃と打ち上げてくる高射砲に翼をもがれ、エンジンや燃料タンクから猛火を吹き出して墜落していったそうである。一機につき十一名の搭乗員

日本軍防空部隊に撃墜されるB 29爆撃機
イラスト：花輪和一

B29 約3000機生産され、
800機が被撃墜と損傷不時着で
損失した。
米国戦略爆撃調査団（USSBS）による
B29の損害。
作戦中の総損失機　485機
作戦中の被損失機　2,707機
搭乗員戦死　3,041名
（日本本土上空のみで
海上墜落、不時着を含まず）
B29搭乗員は平均すると毎日15名が日本本土上空で戦死していた。
帝都防衛を担う防空部隊

が失われていった。今日は我が身かと思うと震えで体が止まらなくなったそうである。特に恐怖したのはカミカゼ攻撃で、これをやられると機体はほぼ確実に分解墜落し、脱出も困難だったそうだ。

Ｂ29は高度一万メートルを飛ぶから、日本軍の高射砲は無力であったとか、日本軍はレーダーを持たなかったから来襲を予見できなかったというのも捏っち上げである。

Ｂ29が高空爆撃を行ったのは最初の３ヶ月だけであった。高空からの爆撃では自慢のノルデン〝精密〟爆撃照準器も役に立たなかった。投下した爆弾はすべて偏西風に流され、田や山林に着弾していたからだ。そのため後半は低空爆撃に切り替えられ、多くが高射砲で撃墜された。面白いように命中したと当時の高射大隊長は報告している。四百八十五機ものＢ29が撃墜されたのも無理はない。

当時日本陸軍は日本列島全域を優れたレーダー網でカバーしており、サイパンから飛来するＢ29は小笠原のレーダーにより洋上にて補足され、爆撃の数時間前には本土防空部隊に警告が発せられていた。

Ｂ29絡みのみならず、戦後に出回っている、あらゆる大東亜戦争評価はＮＨＫとＧＨＱ、日本共産党、東大歴史閥が捏っち上げた虚構である。東大がこの国を駄目にしたということだ。東大こそが自虐敗戦侵略史観の元締めであり、元凶であり、廃止すべき大学である。

ついでに言っておくが、昭和天皇が終戦を決断されたのはＢ29やソ連侵攻が理由ではない。

核兵器の残虐性は人類を滅ぼすとお考えになったから、人類を核戦争の恐怖から救うため終核戦争＝終戦とした。以後、核兵器は使われていない。

開戦前の日本軍は米軍を恐れていたという捏っち上げ

一九四一年末における日米の軍事力を比較してみる。この戦力比較は戦後吹聴されてきた以下の見解を検証するために必用である。

「日本軍は経済力・軍事力において大差ある米国に対し無謀にも開戦した」

本当に彼我の戦力には大差があったのかを検証しよう。

日米戦力比を考慮するとき、米国は太平洋と大西洋の二正面に戦力を振り分けられることになる。

ＧＤＰを比較すれば十倍、二十倍もの差があったことは間違いないが、それは大きな脅威とは考えられなかった。なぜなら日清日露の戦いでも敵国のＧＤＰは日本のそれを大きく凌駕していたからである。

超大国であった清国、ロシア帝国に勝ち、第一次大戦に勝利し、有色人種でありながら有色人種の国である満洲国を独立させ、支那事変も連戦連勝だった大日本帝国は別に戦闘経験希薄な米国など恐れていなかったというのが実情だった。

	日本	米国
兵員（軍人・軍属）	２４２万名	１８８万名
海軍艦艇	１４８万トン1（３８５隻）	１３１万トン（３４１隻）
航空機	４７７２機	1万２２４０機

開戦時日米日米戦力比較

太平洋、極東地域にある連合軍航空機は合計約三千六百機、開戦時の海軍航空兵力（日本）二千二百七十四機（戦闘機五百十九、爆撃機二百五十七、攻撃機九百五十五、偵察機四百三十九）。

日本海軍は別に補助艦艇百二十九隻約四十五万トン、特設艦船七百隻百五十万トンを保有していた。

戦力比較を見る限り、帝国陸海軍の装備が米英に劣っているどころか、互角ないし勝っているという当時の現実を見ると、「米国何するものぞ」という気概が伝わってくる。

米国が単独で戦って勝利したのは対メキシコ戦争と対スペイン戦争という二流国家相手の戦争のみであり、英国からの独立戦争以来、単独での列強との戦闘経験を持たなかった。なぜそんな国を恐れるのであろうか。

日本軍は米国の軍事力を恐れていたなどというのは、戦後になって米国が自国を強く見せるために捏っち上げたプロパガンダである。上記に示した稲田正純大佐の文書を見る限り、米英を恐れていたなどという様子はどこにも見て取れない。

大日本帝国は支那事変をアジア全域解放のための口実として積極的に拡大していった。軍と政府の無能から内戦に引き摺り込まれたり、他国の陰謀に騙されたわけではない。確たる軍事的実績のもと、維新以来の宿願であった大東亜全域における「尊皇攘夷」を実行しただけである。

ガダルカナルが勝敗の分岐点だったという捏っち上げ

ガダルカナルで日本軍は惨敗し、以後敗戦への坂を転がっていったそうである。これが定番のガダルカナル戦評価だが、本当にそうであろうか。

ガダルカナルは日本軍が勝利していた。ボロ負けしていたなどと言うのは大嘘である。NHKによればガダルカナルで日本軍は米軍にボロ負けしたことになっているが、ウィキを見るとそうではない。米軍の戦死戦傷者も一万五千に上り、日本側の戦死戦傷戦病死一万九千二十と遜色ない。航空機、艦船の損失も同等である。

ただ、ガダルカナル海域で米軍側は空母部隊が壊滅させられており、その点を考慮すると勝利したのは日本側である。

特筆すべきは、日本側は一万人以上を無事に撤退させており、日本軍にとってガダルカナルは死守・玉砕させるほど価値のある戦場ではなかったことになる。米軍を東亜大陸から離れたソロモン諸島に誘き出し、消耗させることに成功したから、部隊を撤収してインドネシ

ガダルカナルでの両軍の損害

	米軍	日本軍
死者	7,100人	19,200人
捕虜	4人	1,000人
軍艦	29隻	38隻
航空機	615機	683機

ガダルカナル島、ジャングルの中を敵に肉薄する日本兵
イラスト：花輪和一

開戦からわずか二ヶ月でシンガポールが陥落、
疲弊した白人兵を慰撫する日本兵とアジア市民
イラスト：花輪和一

ア（ニューギニアを含む）、ビルマ、自由インドなど東亜共栄圏の独立と防衛に転用したというのが実態である。

ガダルカナルのあと、米豪軍は東部ニューギニアで日本軍の消耗戦に付き合わされることになる。米軍側がガダルカナルで「勝った勝った」と空騒ぎしていたころ、ビルマ、フィリピン、自由インドが独立し、大東亜会議が開催されていた。どっちが勝っていたのだ？

もしも分岐点だったというのであれば、それはアジアの解放独立という開戦目的達成、すなわち勝利への坂を上るための分岐点だったと言うことになる。

ガダルカナルでの日本側損害：
死者 19,200 人
内戦闘による死者 8,500 人
捕虜 1,000 人
軍艦 38 隻損失
航空機 683 機
撤退 10,652 人

米軍側損害：
死者 7,100 人
負傷者 7,789 人以上
捕虜 4 人
軍艦 29 隻損失
航空機 615 機

神風特攻は無駄死にだったという捏っち上げ

神風特攻で撃沈された米海軍艦艇は五十四隻、損傷を受けた艦艇は三百六十二隻に上り、特攻による米軍の戦死者は六千八百五名、九千九百二十三名が負傷した。これを見ると被害は甚大なりと言うしかない。もしも米軍が日本本土上陸作戦を決行した場合、これの数倍の被害が単純計算で予想された。

進駐軍（米国空軍戦略爆撃調査団）の調査では終戦時の日本国内には一万五千六百機の特攻機が温存され、隠蔽飛行場（昼間は草木で隠蔽されている）も多数用意されていた。燃料は各機が五回以上出撃できる分が温存されていた。たった二千余機の特攻で米海軍の損害は沈没五十五隻、損傷三百六十二隻に達した。本土決戦で七倍の数の特攻機が同じ命中率で米海軍艦艇に殺到したら、単純比例計算でも五十五×七＝三百八十五隻が沈没、三百六十二×七＝二千五百三十四隻が損傷する。米海軍は全滅するということである。

沖縄戦では二千機の特攻機（その多くが途中で撃墜されたため命中率は低い）に対して米海軍死傷者は約一万七千人、一万五百機の特攻機が米艦に殺到したら、単純比例計算で同じ命中率としても十一万九千人、数倍の命中率で計算すれば数十万人の米海軍将兵が死傷する。これでは米海軍は崩壊する。海軍の支援がなければ上陸部隊も全滅する。

沖縄戦では九州から五百キロも飛ぶため、途中で米軍機に迎撃された。しかし本土決戦で

1944年12月28日フィリピン海域において神風特攻機の攻撃を受け爆沈した米海軍の弾薬輸送船USSジョン・バーク（リバティー型輸送船）
（キノコ雲が発生し、一瞬で跡形もなく消滅した。数千トンの弾薬を満載していたと見られるから、小型原爆が爆発したのと同じ規模の爆発力と考えられる。乗員全員が死亡し、遺体の欠片すら確認できなかった。爆発の衝撃波により後続艦も沈没した）

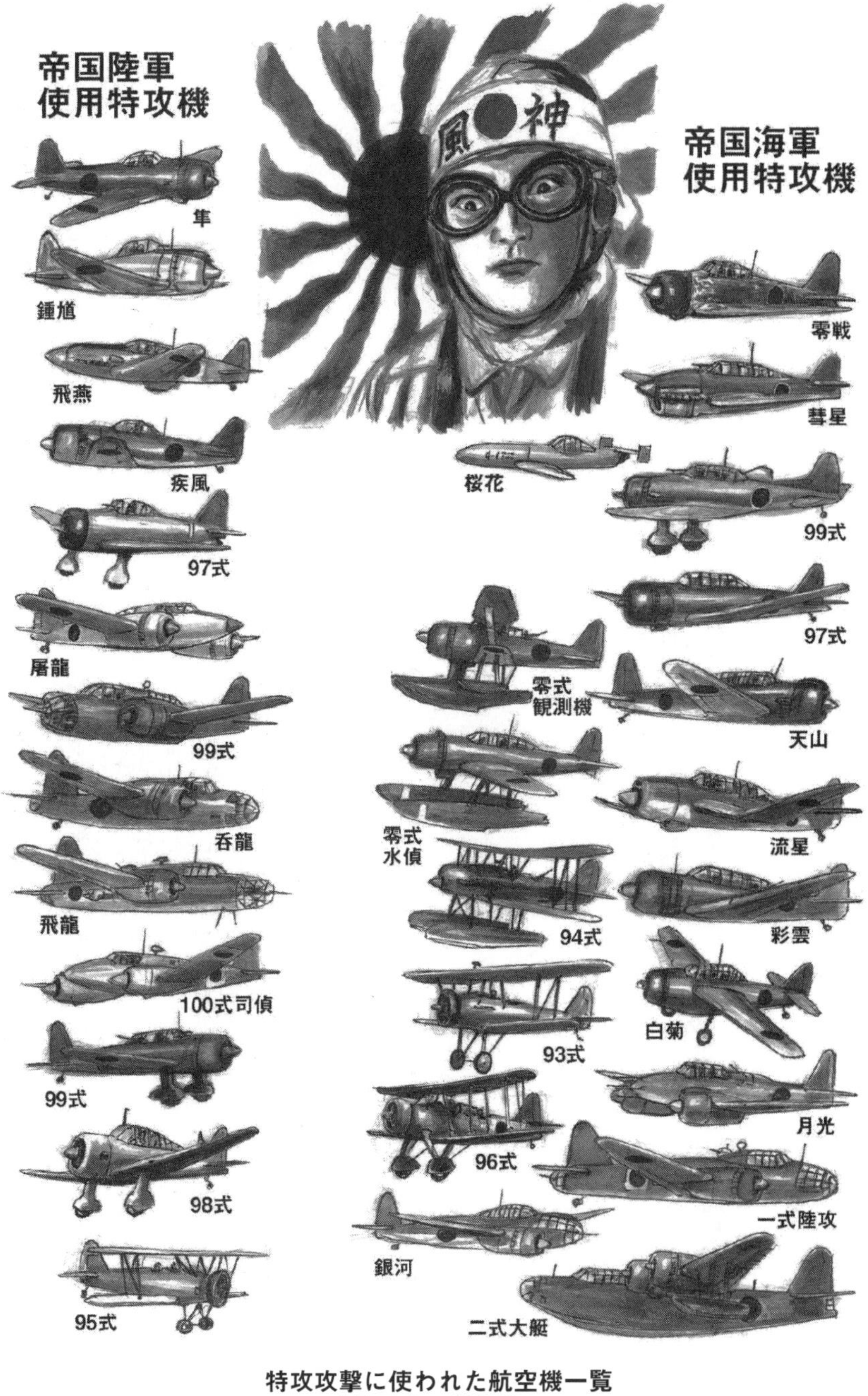

特攻攻撃に使われた航空機一覧
イラスト：花輪和一

米軍機は迎撃する時間がない。なぜなら、米軍上陸艦艇は浜辺から数キロ先に布陣しているからだ。沿岸の隠蔽飛行場を飛び立った特攻機が時速四百キロで進航すれば、数分後には米艦に突入している。沖縄戦での命中率の数倍の命中率になることが予想された。しかも飽和攻撃を仕掛けてくるから命中率は更に上がる。地上発射型ロケット特攻機桜花四十三型（時速八百三十三キロ）が投入されれば、米軍機の速度では追いつけない。これでは米陸海軍上陸部隊は全滅となる。

特攻は航空機によるものだけではない。陸海軍合わせて数千艘に上る特攻ボート、一千隻以上に上る特攻用小型潜水艦も待ち構えていた。たとえ上陸に成功しても、米軍上陸部隊に対して三千二百万人以上のイオージマ部隊が待ち構えている。イオージマの状況が日本本土全域で再現されると言うことだ。譬え米軍が上陸作戦を決行しても〝元寇〟の時のモンゴル軍の醜態が再現されるだけである。

日本本土上陸を諦めた米軍は原爆投下に頼らざるを得なくなり、自らの建国理念たる自由平等正義という国家理念を否定する一般市民の大虐殺を行った。ユダヤ人虐殺を行ったヒトラーもその残虐性において米国には負けてしまうのである。

以上の見解は吾輩の独自の分析により数年前に拙ブログに記したものであるが、国立国会図書館アジア歴史資料センター「本土決戦必勝の確算」に記載されている内容は吾輩の分析結果と一致していた。以下に内容を紹介する。

防衛省防衛研究所
レファレンスコード　c15010213300

本土決戦必勝の確算
一、兵力量
本土に約五百万の陸海軍四千万の義勇戦闘隊員を有し兵力量に於て絶対優勢なり。
二、我は敵上陸作戦の必然的弱点に乗じ得る。
1．航空特攻
イ、沖縄戦に於ける航空特攻の発進機数と確認撃沈艦船数との比率は三対一なり。
ロ、本土決戦に於ける航空特攻の成功率を右と同一とするも、我に敵初動上陸兵力約一五師団の輸送船団を短期間に撃沈するに充分なる特攻機を有す。
ハ、我特攻基地は無数に整備せられありて敵航空絶対優勢ありと雖も、之が同時常続的制圧は不可能にして特攻機の発進は可能なり。
欧洲第二戦線に於ける北仏上陸初動（一週間以内）兵力は僅か二十師団なり。
ニ、沖縄戦に於ける特攻機の発進基地は過遠にして攻撃目標は航続距離の限界点附近なりしも本土に於ける攻撃目標は如何なる発進基地よりも航続距離内に在り。

2．水上水中特攻

沖縄戦に於ける水上水中特攻作戦は極めて小規模なりしも、本土に於いては大兵力を以て大規模且つ組織的に実行せられるべく航空特攻と相俟って洋上撃滅は益々確算を加ふべし。

3．沿岸要域に於ける洞窟築城は遠からず延長一万粁（「ラバウル」二百粁）を突破すべく、水際に於ける敵の弱点に乗ずる我作戦準備は着々強化せられあり。

＊陸軍作戦に於ける体勢の優越

万一航空及水上、水中特攻、予期の成果を収め得さる場合に於ても、陸上兵力独力を以て敵を撃滅し得る戦略上の条件有す。

即ち

イ、各沿岸要域に於ける我作戦兵力は敵上陸初動兵力より絶対優勢なり。

ロ、陸上作戦の様相は所謂大陸作戦にして絶対制空権下交通網分断せられたる場合に於ても作戦の焦点に対する兵力の集中機動は可能なり。従って強大なる縦長兵力を以てする強引なる攻勢を続行し彼我攻守所を異にし作戦の主導権を確保し得る。南東方面敵反攻開始以来の戦歴に徹するに我反撃は絶対制空制海権下に於ても敵第一線の突破に成功しあるも、縦長兵力の欠如に依り結局失敗に終るを常とす。

昭和２０年４月１１日午後２時　戦艦ミズーリに特攻した搭乗員の遺骸、爆弾は不発であったため、上半身の一部が残っていた
写真の右側に遺骸が見える。鹿児島海軍鹿屋基地を飛び立った「第五建武隊所属の岡山県出身、石野節雄二等飛行兵曹（19 歳）とみられている。

艦船

撃沈

参考文献[256][369][370][371][372][373][103][374][375][376][377][378][379][380][381][382][383]

艦種	船体分類記号	撃沈艦（航空特攻）	撃沈艦（水中特攻）[注 10]	撃沈艦（水上特攻）[注 11]	除籍艦[注 12][384]
護衛空母	CVE	3隻			1隻
駆逐艦	DD	15隻	1隻		9隻
護衛駆逐艦	DE	1隻	1隻		1隻
掃海駆逐艦	DM	2隻			5隻
輸送駆逐艦	APD	4隻			5隻
駆潜艇	SC・PC	1隻		1隻	1隻
掃海艇	AM・YMS	3隻[注 13]			
魚雷艇	PT	2隻		2隻	
戦車揚陸艦	LST	5隻		1隻	2隻
中型揚陸艦	LSM	7隻		1隻	
上陸支援艇	LCS	2隻		3隻	1隻
歩兵揚陸艇	LCI	1隻	1隻	2隻	
上陸用舟艇	LCVP			3隻	
タグボート	AT	1隻			
宿泊艦			1隻		
タンカー	AO・IX	1隻	2隻		
輸送艦		7隻			
合計		**55隻**	**6隻**	**13隻**	**25隻**

損傷

※損傷艦数は延べ数

艦種	船体分類記号	損傷艦（航空特攻）	損傷艦（水中特攻）	損傷艦（水上特攻）
戦艦	BB	16隻		
正規空母	CV	21隻		
軽空母	CVL	5隻		
護衛空母	CVE	16隻		
重巡洋艦	CA	8隻		
軽巡洋艦	CL	8隻		
駆逐艦	DD	91隻	2隻	4隻
護衛駆逐艦	DE	24隻		
掃海駆逐艦	DM	26隻		
輸送駆逐艦	APD	17隻		
水上機母艦	AV	4隻		
潜水艦	SS	1隻		
駆潜艇	SC・PC	1隻		
掃海艇	AM・YMS	16隻		1隻
魚雷艇	PT	4隻		
戦車揚陸艦	LST・LCT	15隻		4隻
中型揚陸艦	LSM	4隻		
上陸支援艇	LCS	13隻		2隻
歩兵揚陸艇	LCI	7隻		2隻
哨戒艇	FS			2隻
魚雷艇母艦	AGP	1隻		
ドック艦	ARL	2隻		
病院船	AH	1隻		
タグボート	AT	1隻		
タンカー	AO・IX	2隻		
攻撃輸送艦	AKA・APA	18隻	1隻	3隻
防潜網設置艦	AKN	1隻		
傷病者輸送艦	APH	1隻		
輸送艦		35隻	5隻	1隻
合計		**359隻**	**8隻**	**19隻**

神風特別攻撃隊、敷島隊の特攻で撃沈された護衛空母セント・ロー

沖縄戦にて特攻機の命中で大破した正規空母イントレピッド

フィリピン戦で正規空母エセックスに特攻機が命中した瞬間

沖縄戦で特攻機の命中により大破した駆逐艦アーロン・ワード

神風特攻による連合軍側被害一覧

神風特攻による連合軍側被害一覧の表を見ると、被害甚大なりと言うしかない。日本本土上陸作戦ではこれの数倍、いや数十倍の特攻被害が予測された。陸上特攻も加わるからである。

ナチス降伏後、英軍は急遽空母を極東に派遣したが、たちまち特攻の餌食にされた。連合軍は原爆に頼るしか対抗する術は無くなり、広島長崎への投下となった。昭和超帝は人類を滅亡させる核戦争を止めるため、表向きの敗戦を装い終戦とした。

特攻は軍部による強制だったという捏っち上げ

神風は海軍首脳からの下達により実行されたと思い込んでいる人が多いようだが、それは違う。事の発端は飛行訓練生からの要求だった。

大東亜戦争も後半にさしかかると、日本軍は航空燃料の不足に悩まされる。航空機用エンジンに必要なハイオクタンガソリンどころか、通常ガソリン（九十オクタン）の確保にも支障を来すようになった。良質なガソリンは最前線に回される。その結果、後方では粗悪ガソリンが使用されるようになった。ただでさえ粗悪なガソリンに、さらにアルコールを混ぜて代用とした。この燃料を亜号燃料という。昭和十九年になると、内地の飛行訓練はこの亜号燃料を使用して行われるようになる。その結果、訓練中の事故が多発し、多くの若い命が出撃前に失われた。そこで、訓練生たちは特攻を希望し始める。高度な飛行技術獲得のための訓練で死ぬのなら、最初から実戦にて特攻させろと言うわけである。爆弾抱えて突っ込むだけなら、格闘戦に要するような高度な技能を必要としないからだ。

日本の左翼マスコミは旧軍首脳が若者たちを無理矢理特攻へ追いやったと言うが、事実は違う。「訓練で無駄に死ぬくらいなら、特攻で死なせろ」と若者たちが要求したのである。飛行学生からの要求のほか、現地搭乗員からの要求もあった。昭和十九年後半になるとマリアナ沖海戦のように近接信管の導入など米軍側の迎撃態勢が拡充し、日本側攻撃機の生存率は極度に低下した。出撃しても戻ってこれない機体が続出した。そのため搭乗員達は、どうせ死ぬなら特攻させろと要求するようになっていた。その結果特攻戦術が採用された。

終戦時の日本軍には竹槍しか残っていなかったという捏っち上げ

終戦時の日本軍には竹槍と弓矢しかなく、まともな武器はほとんど払底していたというのは大嘘である。

本土日本軍が武装解除して米軍に引き渡した武器弾薬類のリストを見ると、莫大な量の武器弾薬を備蓄していたことがわかる。米軍の担当官は武器の解体・スクラップは不可能として、まとめて埋設、海洋投棄していたくらいである。だいいちそんなに武器がないなら、昭和二十年八月十八日に発生した占守島の戦いで現地日本軍が上陸してきたソ連軍を壊滅寸前まで追い詰めることなどできなかったはずである。

日本は戦争に負けて民主化されたという捏っち上げ

残念ながら日本はアジア解放独立という開戦目的を達成しているから、クラウゼビッツの理論によれば敗戦国ではなく戦勝国となるのだ。敗戦国は領土の九十八％を失った英蘭仏とフィリピンを失陥しながら太平洋のいくつかの小島しか占領できなかった米国である。日本は明治憲法下で民主主義国家となっており、戦後議会が開設されたわけではない。

本土決戦を行えば日本人は絶滅させせられていたという捏っち上げ

戦後左翼がまき散らし、保守論壇まで信じ込んでいる神話に日本軍最弱神話がある。戦争末期の日本軍には米軍への抵抗力はなく、米軍が上陸してくればたちまち日本軍は崩壊し、白旗を揚げざるを得なかったというものである。

ベトナム戦争を例に考えてみよう。日本本土決戦にベトナム戦争をスライドさせ考察してみよう。もし米軍が上陸してきたら、水際で米海軍は特攻兵器の洗礼を受けることになる。

当時の海軍特攻戦力は特攻舟艇三千八百隻、各種の特殊潜航艇八百隻、さらに無数の酸素魚雷（射程三十キロ、積載艦艇がなくなったため大量に余っていた）を沿岸に隠蔽配置していた。上陸地点の水平線を隙間無く埋め尽くす米艦船に命中させるのは容易である、隙間がないわけだから、水深を浅く設定すれば必ず命中する。回避しようとすれば米艦船は互いに衝突し、上陸用艦船は大混乱に陥ったことであろう。上陸作戦そのものを中止せざるを得なくなったかもしれないのである。

さて、上陸に成功したとしても、今度はゲリラ戦に遭遇する。ゲリラ戦についてはベトナムの状況がそのまま再現される。特に山岳地帯に籠もった日本兵を全滅させるのは不可能である。太平洋の小島にすぎない沖縄やサイパン、ペリリュー、さらにフィリピンでは終戦が過ぎても日本兵はゲリラ戦を続行していた、ましてや南北三千キロ、七割が山岳地帯の日本列島でゲリラを完全に掃討するなど不可能である。当時の国内における戦闘可能兵員数は陸軍軍人および軍属 約三百十五万人、海軍軍人および軍属 約百五十万人、特殊警備隊の兵員約二十五万人、国民義勇戦闘隊約二千八百万人で合計三千二百九十万人である。三千万以上の日本版ベトコンに米軍は勝てたであろうか？

原爆を大量に使用すれば日本農業を壊滅させ、ゲリラを掃討できるという輩がいる。そこで私は計算してみた。一発の原爆で五キロ四方の水田を壊滅できたと多めに見積もっても、当時の日本の全水田を壊滅させるには二千発の原爆を必要とする。しかも、何度壊滅させても日本農民はすぐに修復するし、降雨量の多い日本では汚染した用水はすぐに流され、汚染していない新たな水に代えられてしまう。当時の米国に毎年二千発の原爆を作り続ける工業力などあろうはずがない。後のベトナム戦争で米国は枯れ葉剤を散布したが、それでも敗北したことを忘れてはいけない。

戦争当時、我が国の主要交通機関は鉄道のみであったと言っても過言ではない。自動車交通が未発達であり、自動車用道路網などなきに等しかった。このような状況で米軍が迅速に移動するなど困難である。河川の多い日本の鉄道は橋梁部が多く、また山岳も多いためトンネルも多かった。自動車が縦横に走れる道路もなく、橋とトンネルが破壊された鉄路を米軍はどのようにして移動したのであろうか？

米軍が計画した九十九里浜上陸作戦では、上陸十日後に東京を占領する予定だったそうだが、果たしてそれは可能であっただろうか？

硫黄島でもペリリューでも数日で制圧するという予定であったが、わずか一、二万の日本軍を制圧するのに何ヶ月もかかっている。沖縄でもゲリラ戦は終戦時まで続いている。本土日本人に較べて明らかに士気の劣る沖縄県民を相手にしてもこの体たらくである。九十九里に上陸すれば、相手は沖縄の数十倍の日本兵であり、さらに数百万のゲリラが対抗する。いくら昼間だけの制空権をとったとしても、陛下のために死ぬことを最高の栄誉と考えていた当時の数百万の日本兵を蹴散らし、数百数千の特攻兵器をかわし、橋もトンネルも落とされた鉄路を伝って、わずか十日で東京を占拠するなど不可能である。東京の縁にたどり着いても、今度は自分たちが空爆で破壊した瓦礫と化した都内での市街戦に突入する。瓦礫は守る側にとっては極めて有利な状況を作り出す。スターリングラード攻防戦でソ連軍は、ドイツ軍の空爆によって発生した瓦礫を利用して市街戦を展開し、結局ドイツ軍を包囲殲滅した。

皇居を占拠したとしても、そこに皇室は存在しない、陛下と政府首脳は中部山岳地帯に移動しており、急峻な山岳で、しかも森林地帯では米軍自慢の戦車も攻撃機も役に立たない。沖縄の山岳地帯とは規模が違いすぎる。

通常兵器による勝利をあきらめ、原爆を使用せざるを得なくなったという段階で、米国は通常戦争に敗北したのである。この点を日本人は記憶に留め置かなくてはならない。

米軍は原爆だけでなく毒ガス兵器も使用する予定だったから、日本軍は勝てなかったと論ずる者がいる。これもインチキである。日本兵は元々死ぬ覚悟である。十人の戦死でアメリカ兵一人を倒せれば上出来という日本兵にとって、日米軍双方による毒ガスの応酬や、放射能汚染などどうでも良いことである。あくまで生き延びて本国に帰ろうとする米兵と、あと二、三日生き延びてその間に米兵を一人でも倒せればよしとする日本兵を同じ価値観で論ずることはできない。

以上のように分析していくと、本土決戦で米軍に勝算などありえない。良くて和平である。米国の政治家の中には終戦時日本の軍事力は皆無であり、玉砕するしかなかった。それを原爆で終戦決断をさせてやったのだから、日本人は原爆投下に感謝すべきであるなどととんでも論を宣う者がいる。日本側が提案していた和平を米側が受け入れていれば、原爆を使わずして戦は終結していた。和平を受け入れなかったのは、白人優越主義ゆえ、有色人種を徹底的に打ちのめしたかったからである。

日本は降伏文書に調印したから敗戦国だという捏っち上げ

ポツダム宣言受諾は核戦争を終結させるために昭和天皇が命じた。終戦の詔書には次のように書かれている。

「かかる残虐なる兵器を使用する戦争を継続したなら、人類文明が破却するゆえ終戦とする」

昭和陛下は核戦争を止めた最初で最後の人類である。以後、核戦争は行われていない。だから吾輩は昭和陛下を「昭和超帝」とお呼びしている。降伏文書調印は核兵器を使えない兵器とするための、ただのセレモニーに過ぎなかった。

太平洋島嶼戦はアジア解放のための囮作戦に過ぎなかった

開戦目的が植民地解放である以上、主戦場は大陸であって太平洋ではない。戦後の日本人戦史研究家はこの点を見落としている。主戦場が大陸アジアであったから帝国陸軍はその主力を太平洋には割かなかったのである。

大東亜戦争においては、日本軍が恰もボロ負けしたかのような印象を受けるのは、戦後に米国がそのような印象操作を行ったからである。米国は選挙がある国ゆえ、当時のトルーマン大統領は対日戦に完勝したことにしないと、次の大統領選挙は危うくなるのである。そのためトルーマンは日本軍に完全勝利したかのような印象操作を行った。

はじめに米国は日本側が制定した「大東亜戦争」という呼称の使用を禁じ、「太平洋戦争」と呼ぶように日本の政府とメディアに強要した。もしも大東亜戦争という呼称を使い続ければ、大日本帝国が主張していた通り、かの戦争が植民地解放戦争であったという事実を認めざるを得なくなるからである。かの戦争はあくまでも大日本帝国による侵略戦争であることにしないと、悪党は植民地主義者である連合国になってしまうからだ。従来の保守論壇においても、この呼称変更は白人たちが行ってきた植民地支配を隠蔽するためであったと説明されてきたが、吾輩は新たな呼称変更理由を発見した。

太平洋の島嶼戦は帝国陸軍にとっては陽動囮作戦に過ぎなかった。昭和十七年末、南太平洋のガダルカナル島の戦いで米軍は本格的反攻を開始して、その後、ビアク島、トラック・エニウエトク、ペリリュー島、サイパン島、グアム島、フィリピン、沖縄、硫黄島と、いわゆる「飛び石作戦」が続行された。実のところ現地では昭和二十年八月の終戦まで日本兵によるゲリラ戦は続いていた。戦闘は終結などしていなかったのである。

米軍が太平洋で「ちっちゃな島」を次々に陥落させたと大喜びしていたとき、大陸では白人植民地が次々に独立を勝ち取っていった。米軍が硫黄島で「勝った勝った」と喜んでいたとき、ベトナムでは帝国陸軍の主導でバオダイ帝を元首とするベトナム帝国の独立が宣言され、ラオス王国とカンボジア王国も独立し、枢軸側から国家承認を得ていた。

帝国陸軍は主戦場である東南アジアの独立を確たるものとするため、太平洋の島々を米軍を誘い寄せるための囮として使っていたのである。そうであるなら、太平洋の島々に布陣した陸軍部隊への補給が不十分であった理由も理解できる。

日本軍は太平洋で米軍にボロ負けしたかのように見える一方で、大陸アジアで日本軍は完勝し、米英がボロ負けした。原爆投下によって表向き戦勝国となった米英は自分たちを真の戦勝国であるかのように見せかけるため、主戦場は大陸アジアではなく太平洋であったと入れ替えたのである。アングロサクソンのやりそうなことである。

希代の外交官である松岡洋右はその死の床に当たって次のように述べたという。

「自分は外交官であるから、ときには嘘もついた、しかし、どうせ嘘をつくならアングロサクソンのようなでっかい嘘をつくべきだった。これは悔やんでも悔やみきれない」

吾輩はかねてから大東亜戦争の開戦目的はアジアの白人植民地の解放であったと主張してきた。実際、アジアにおける米英仏蘭の植民地はすべて戦争中に解放され、六ヶ国が独立を果たし、一ヶ国が独立宣言を行っている。

ルーズベルトは帝国陸軍の罠にはめられた

米軍に島を占領させ、日本兵にゲリラ戦を命じ、米軍を消耗させ、戦闘を長引かせて東亜独立までの時間稼ぎをすることが目的であったから、現地に日本軍は決して作戦に勝利してはならない。勝利してしまうと、敵は矛先を他へ向け、主戦場に繰り出してくる可能性があるからである。ルーズベルトもトルーマンも帝国陸軍の罠にはめられた。

太平洋の小島を落として「勝った勝った」と喜んでいるうちに、自国領であったフィリピンは独立させられ、盟友チャーチルの大英帝国は崩壊し、仲間だったオランダは「風車とチューリップの国」に転落した。これを「間抜け」と言わずして何と形容すればよいのだ。

このように太平洋の島嶼戦は大陸アジアを解放するための陽動囮作戦であった可能性を拭えないのである。

もしも、帝国海軍がミッドウェー作戦に大勝し、太平洋全域の制海権を確保していたなら、米国は大西洋からインド洋へ軍事力を振り向け、インド方面からミャンマーへ向けて戦力を投入していた可能性がある。そうなるとアジアの独立は危うかったかも知れない。

米海軍四バカトリオ

ハルゼーだかニミッツだかフレッチャーだかスプルーアンスが山本五十六並みの知将だったら、山本の囮作戦を見透かして、ミッドウェーには行かず、直接フィリピン救援に向かったはずだ、なぜなら日本の空母部隊はミッドウェーに集中配備され、フィリピン海域はがら空きになっていたからだ。もちろん暗号解読に成功していたはずはない。成功していたなら、迷うことなくフィリピン海に侵攻していたはずだからである。

戦後、アメリカは例によって「勝った振り――英雄化プロパガンダ」によりハルゼー、ニミッツ、フレッチャーだかスプルーアンスを神扱いしているが、山本の囮作戦に引っかかり残存三隻しかない稼働空母のうち一隻をミッドウェーで失い、残り二隻も四ヶ月後の南太平洋海戦で全滅させられた米提督たちが神であるはずがない。

おかげで在フィリピン米軍はミッドウェー海戦の翌日、戦死戦傷四万人、捕虜八万を出して日本軍に全面降伏した。これでアメリカは唯一の植民地であるフィリピン三十万平方キロの領土とその領海、千六百万のフィリピン人奴隷を喪失した。

空母ヨークタウン撃破
イラスト：花輪和一

一年と半年後、フィリピン第二共和国は宗主国アメリカに対し独立を宣言し、三百五十年にわたる白人支配から解放された。

アメリカ唯一の大植民地を山本五十六の計略に引っかかり喪失させた、ハルゼー、ニミッツ、フレッチャー、スプルーアンスが名将であるはずがなく、愚将である。なぜならフィリピンの領土領海はカリフォルニア州に匹敵し、当時奴隷人口は二・三倍に達していたからだ。

ハルゼー、ニミッツ、フレッチャー、スプルーアンスは帝国海軍の「囮刺し違え作戦」に引っかかり、大植民地フィリピンをアメリカに喪失させ、白人の牙城であった大英帝国、フランス・オランダ植民地を喪失させた。「米海軍四大愚提督」と名づけよう。

第十章

暗号解読の結果、山本搭乗機を待ち伏せ撃墜したという捏っち上げ

胡散臭いウキペディア記事

山本五十六搭乗機が米軍機により撃墜された件を日本側では「海軍甲事件」と呼ぶ。米軍は暗号解読によって山本機の進空を把握し、ブーゲンビル島上空で待ち伏せしたとしている。この説は戦後に日米双方であたかも事実であるかのように受け入れられてきたが、はたして本当であろうか。

第九章で前述したように、アングロサクソンは暗号解読詐欺が得意である。それゆえ、この定番の暗号解読成果についても、疑ってかからなくてはならない。

最初に海軍甲事件ついての定説をウィキペディアから引用する。

海軍甲事件（かいぐんこうじけん）とは、第二次世界大戦中の1943年（昭和18年）4月18日に、前線を視察中の連合艦隊司令長官山本五十六海軍大将の搭乗機がアメリカ軍戦闘機に撃墜され、山本が戦死した事件である。アメリカ側名称はヴェンジェンス作戦（英語：Operation Vengeance）。

山本長官は、トラック島の連合艦隊旗艦「武蔵」を離れ、「い号作戦」を直接指揮するため、幕僚を従えてラバウル基地に来ていた。山本は、ブーゲンビル島、ショートランド島の前線航空基地の将兵の労をねぎらうため、ラバウルからブーゲンビル島のブイン基地を経て、ショートランド島の近くにあるバラレ島海軍基地に赴く予定を立てた。当時、その方面は日本海軍の制空権下にあり、飛来する敵機は高高度から単機で偵察行動をするP―38程度であり、危機感は些かもなかった。その前線視察計画は、艦隊司令部から関係方面に打電された。この暗号電文はアメリカ軍に傍受された。

日本側は全く関知していなかったことだが、アメリカ軍情報部は当時すでに日本軍の暗号解読に成功しており、この電文も直ちに解読され、山本の視察の経路と予定時刻は米軍の把握するところとなった。この情報はすぐにアメリカ海軍のチェスター・ニミッツ太平洋艦隊司令長官に報告された。

米国側ではこの作戦をヴェンジェンス作戦と呼ぶ。ヴェンジェンス(vengeance)とは「報復」を意味する。この作戦名には真珠湾攻撃を立案した山本への報復という意味が込められている。

無能な敵将であれば生かしておくほうが味方に利益である。そのため山本の前線視察の予定をつかんだニミッツは幕僚と会議を開き、そもそも山本を殺害すべきなのかを検討した。検討の結果、真珠湾攻撃の立案者として人望の高い山本が戦死すれば日本軍の士気が低下すること、山本長官より優れた者が後任となる可能性は低いことを理由にニミッツは山本の殺害を決断し、南太平洋方面軍司令官ウィリアム・ハルゼーに山本長官の行程を連絡、予備計画の作成を命令した。作戦半径は非常に長距離だったが、ハルゼーは、山本がきわめて時間に正確で今回も予定を守ることを前提に、航続距離の長いガダルカナルの陸軍戦闘機P—38Fならば途中で邀撃が可能と応答してきた。

山本のような有名人を殺害することは、日本国内に政治的反動（山本殺害による対米憎悪の増大や、それに伴う戦意の高揚）を引き起こす懸念もあり、慎重になる必要があった。そこで、ニミッツは先にフランク・ノックス海軍長官とルーズベルト大統領の許可をとった上で、最終的な実行命令をハルゼーに下した。

戦闘推移

昭和18年4月18日

5時25分　P—38F戦闘機18機、ガダルカナル島ヘンダーソン基地出撃。7時35分にブーゲンビル上空に到着予定。

6時05分　一番機に山本長官と幕僚、二番機には連合艦隊参謀長宇垣纏中将ほか幕僚が乗った一式陸上攻撃機2機、および護衛の零式艦上戦闘機9機、ニューブリテン島ラバウル東飛行場を離陸。

7時33分　P—38F戦闘機16機（出撃後2機故障帰還）、V字編隊の一式陸上攻撃機2機、零式艦上戦闘機6機をブーゲンビル島上空で発見、攻撃開始。

7時50分　山本長官搭乗の1番機被弾、モイラ岬のジャングルに墜落。宇垣纏参謀長搭乗の2番機も被弾炎上し海上に不時着。

日本側被害

一番機：司令長官山本五十六大将、軍医長高田六郎軍医少将、航空甲参謀樋端久利雄中佐、副官福崎昇中佐、戦死。

米軍側被害

P―38F戦闘機1機　被撃墜

事件後

撃墜の翌日、アメリカのサンフランシスコ放送は山本長官の名前を出すことなく、一式陸上攻撃機撃墜の事実のみを簡単に報じた。アメリカ軍は日本軍の暗号解読に成功している事実を日本側に悟られないよう、偶然の撃墜であったかのように発表を装っている。

同日にブーゲンビル島のブイン（カヒリ）飛行場を空爆し、山本機への攻撃を一帯への攻撃の一部であるかのように見せた。

さらにニミッツは部下のハルゼーを通じ、撃墜を命じられた搭乗員達に対して情報源を「沿岸監視員からの情報」として伝え、暗号解読の事実を秘匿している。

攻撃を実行したヘンダーソン基地の関係者にも箝口令が敷かれ、日本が山本の戦死を発表したのちにそれを解いたものの、一番機を撃墜した搭乗員については公表しなかった。攻撃隊で一番機を撃墜したと主張した搭乗員は3人おり、戦闘情報指揮官はこの全員の戦果としたが、のちにうち1人は実際には二番機だったことが判明し、1992年に空軍長官が「2人の戦果」に訂正する裁定を行っている。

「ニミッツがハルゼーに連絡し、ハルゼーは、P―38F戦闘機ならば邀撃が可能と応答し、ニミッツはフランク・ノックス海軍長官とルーズベルト大統領の許可をとった上で、最終的な実行命令をハルゼーに下した」というストーリーがウィキペディアでは語られているわけだが、まるで安手のハリウッド映画のような安直なるストーリー展開に思えるのは吾輩だけであろうか。現実の戦争現場でこんなにも話がスムースに進むものなのであろうか。

米軍の地上監視員

当時ソロモン諸島の各島嶼には日米双方の偵察部隊が潜んでおり、彼我の軍事行動をそれぞれの司令部へ連絡していた。ある島の上空を日本軍機が通過すると、米軍側の監視ゲリラはその進行方向と速度、高度を司令部へ無線で報告する。次に通過する島にも監視ゲリラおり、米軍司令部へ報告する。このようにして、ラバウルを飛び立った日本軍機はその動向をリレー式に把握されていたのである。山本機もこのようにして、離陸時から把握されていた。

ラバウル滞在中、山本はあらゆる面で露出している。基地内を海軍大将を表す四つ星の肩章をつけて散策したり、デッキで寛いだりすれば、敵方の監視諜報機関に目撃されることは間違いない。

ラバウルに海軍大将山本五十六が滞在していることは、「QRコード：NHK　アーカイブ 日米暗号戦争（1）」に示すとおり、映画ニュースにまで撮られており、隠蔽はされていなかったようである。お忍びではなく、その反対だったようである。

当時は彼我共に各島に諜報員を置き、敵方の監視に当たっていた。白色で目立つ海軍第2種軍装で基地内を動き回っていては、遠くから基地内を望遠鏡で監視している敵方諜報部員には丸見えであったであろう。

QRコード
NHK アーカイブ
日米暗号戦争（1）
山本五十六の最期1

QRコード
NHK アーカイブ
日米暗号戦争（1）
山本五十六の最期2

米軍側監視員は山本の動向を注視しており、搭乗予定機が離陸準備をして居る段階から行き先の把握に留意し、離陸後は飛行方角、飛行速度、飛行高度を各島に配置された監視員が逐一米軍司令部へ発信していたはずである。

暗号解読論への疑問

吾輩は山本暗殺は上記のような通常行われる地味な諜報活動により実行されたか、ただの偶然、ないし両方の要素が重なることにより発生したと考え、暗号解読による待ち伏せ論は事後における捏造であったと考える。

その理由は以下の通り。

＊山本機撃墜の半年前に同じ海域で発生した南太平洋海戦（アメリカ軍側の呼称はサンタ・クルーズ諸島海戦 (Battle of the Santa Cruz Islands)）で米海軍はすべての空母を失い、作戦可能空母部隊は壊滅し、太平洋に米海軍空母は一隻もいなくなった。敵側の暗号解読に成功していて、自軍空母が全滅させられるなどということが起こりえるのであろうか。

＊昭和十八年二月、日本軍はガダルカナル島から一万余の将兵を無事に撤退させたが、米軍が日本軍の暗号を解読していたなら、撤退時に撤退ルートを攻撃し、無傷で撤退などさせ

自ら米軍機を惹き付けるための囮と鳴なり、甲板上で囮作戦成功を祝い「天皇陛下万歳」を奉じたあと、艦橋に向け敬礼する空母瑞鶴乗組員たち。この写真撮影の15分後に瑞鶴は沈没した。

るはずがない。暗号解読など出来ていなかった証拠である。

＊暗号解読が出来ていたなら、その後の米軍の対日作戦は楽勝となるはずであり、イオージマ、ペリリュー、沖縄、フィリピン、サイパンなどの作戦で米軍が大損害を被るはずはなかったと思われる。

＊山本機撃墜から一年と六ヶ月後、昭和十八年十月二十日から二十五日にかけて発生したレイテ沖海戦で、空母瑞鶴を有する小沢艦隊が米軍機を誘き寄せるための囮部隊であることを何故見抜けなかった？

瑞鶴は一九四四年（昭和十九年）十月二十五日、レイテ沖海戦のエンガノ岬沖海戦で沈没。八百名余が戦死した。この兵士たちがアジアを解放した。

＊米公文書館で見つかったという解読後の英文翻

訳文書であるが、これは暗号解読論の根拠にはならない。作戦後にいくらでも捏っち上げることが可能であるからだ。

＊戦闘時間がたった十五分しかない不確実な作戦に、ニセ電文かもしれない暗号電文を解読して信用し、十六機もの虎の子のP―38Fを出撃させたところ、実は罠で、数十機ものゼロ戦が待ち構えていたなどということになったら、16機のP―38Fは全機撃墜されたであろう。はたしてそんな冒険を米海軍は実行するであろうか？

囮電文であるかどうかの確認もせずに作戦行動に出るなどと言うことは通常あり得ない。上記の作戦推移には偽電文であるか、真電文であるかの確認作業を行ったという形跡は記されていない。

＊米軍が暗号解読による山本機撃墜を明らかにしたのは終戦後の九月十一日である。なぜ開戦中に公表しなかったのか？　公表した方が米軍兵士の士気は上がったはずである。それなのになぜ公表しなかったのか。米軍側の言い分は「公表すれば米軍の暗号解読能力を日本軍に知られるため」ということだが、本当にそうであるなら、その暗号解読能力は永遠に封印すべきである。なぜなら、米国にとっての戦争は対日戦で終わるわけではない。実際、終戦時にはすでに、事実上、冷戦が始まり、五年後に朝鮮戦争が始まっている。旧ソ連は米国の暗号解読能力披瀝のあと、暗号表を変更し、暗号システムを大きく変えたであろう。暗号解読能力は戦争が終わったからと言って公表するものではない。本当に解読してい

柳谷謙治氏（左）
平成 12（2000）年 9 月 20 日撮影、右は撮影者の高橋光一氏。
柳谷氏（北海道美深町出身）の右腕肘から先がないのは山本五十六機護衛以後の戦闘で被弾したため。柳谷氏は 2008 年に永眠されました。合掌。

たなら公開はしない。敵国に手の内を曝してしまうからだ。

現場の証言

柳谷謙治氏の証言

長官機の護衛任務についた戦闘機隊のただ一人の生存者・柳谷謙治氏の証言（吉村昭著『戦史の証言者たち』文春学藝ライブラリー）によれば、実際の戦闘は次のように展開されたという。

米軍機は山本機より千メートルも低高度から、太陽を背にする山本機に、正面下方から上昇しながら山本機の背後へ回り込み攻撃を加えてきた。米軍機は日本側のレーダーに探知されないように海面上を低高度でブーゲンビル島に到達し、高度を上げ、行きなり全機が山本機に殺到してきた。十六機対六機という多勢に無勢の乱戦状態となり、山本機を護衛しきれなかった。護衛機が二十機もあれば返り討ちにすることができた。

注：太陽を背にした敵機に向かうと、太陽光に幻惑されるため、敵機を視認出来なくなる。それゆえ空中戦では、太陽を背にすることは肝要とされており、米軍側が低空から回り込んできたという事実は、当時米軍機には太陽を背にするための高度を稼ぐ時間的余裕がなかったことを証明している。

米軍側証言

米軍側資料（ジョン・D・ポッター著『太平洋の提督』）によれば、ガダルカナルを飛び立った十六機編隊は、日本側レーダーと島嶼監視員に探知されないよう洋上を十メートルの低高度で飛行した。計画では、十二機が高度七千メートルで上空援護し、四機が刺客として山本機撃墜を目指すことになっていた。

ブーゲンビル島南西端に達し、高度を上げようとするとき山本機を視認し、事前の予定通り四機は刺客として直接山本機へ向かい、残りの十二機は刺客機への日本軍機による反撃に備えて高度七千メートルで刺客機を護衛していた。

柳谷謙治氏の解説と米軍側資料を比較してみる

ガダルカナルからブーゲンビル島への往路、米軍機が洋上低空飛行で移動していたことは共通しているが、山本機を攻撃した米軍機の機数が異なる。

柳谷氏は、米軍機の全機が山本機に群がってきたと述べており、四機ではない。また二番機に搭乗していて、海上に不時着して生存することができた宇垣纒海軍中将はその日記に敵機は二十四機だったと記している。

P―38F刺客機がたった四機であったなら、六機のゼロ戦32型護衛機にP―38Fの複数機または全機が撃墜されていたであろう。

ウソをついているのは米軍側である。なぜウソをついているのであろうか。これもお定まり、米軍特有の「格好付け・勝った振り」である。

刺客を屋内に送り込んで、屋外では邪魔者が入らないように警戒するという構図は、安物のギャング映画や西部劇で見られる場面である。

「日本軍機など四機もあれば事足りる。十六機全機が取りかかる必要などない」と言ってのけているのである。斯様に米軍は戦果を捏造し、誇大化する。暗号解読も同様にチープな捏っち上げである。米軍のプロパガンダを視ると、旧大本営の発表が可愛く見えてくる。そんなに暗号解読が得意なのに、なぜ盟友たる大英帝国を崩壊させたのであろうか。

真実とは

これが吾輩が考える真実である。

米軍はい号作戦へのお礼参りとして日本海軍ブイン飛行場及び周辺を急襲する計画を立て、四月十八日早朝ヘンダーソン飛行場から十六機のP—38F戦闘機を離陸させた。ブーゲンビル島ブイン周辺の日本軍飛行場、小艦船をP—38F戦闘機による機銃掃射により破壊することが目的である。地上攻撃が主目的であるから、低高度での侵入を試みていた。

進行途中でラバウルと各島嶼に配置されていた米側地上監視員からの報告で、山本機がラバウルを離陸し、ブーゲンビル島方面へ向かっているという情報が入り、米軍司令部は急遽、攻撃目標を山本機へと変更した。

P—38F部隊はブーゲンビル島中部南海岸に山本機を発見したが、米軍機の高度は低く、待ち伏せ攻撃にはならず、帰路燃料の余裕を考えると、低高度からの上昇攻撃とせざるを得ず、やむなく全十六機をもって攻撃し、幸いに護衛機のゼロ戦がたった六機と少なかったゆえ、撃墜に成功し帰路についた。

結論

米軍側は山本機撃墜以前にも以後にも、暗号解読には成功していない。なのになぜ山本機撃墜の時だけ暗号解読に成功したのであろうか？　山本五十六を暗号解読で暗殺したなどというのは、山本の真珠湾奇襲成功に対する意趣返しのためのオオボラである。

こんなオオボラを疑うことなく、何の検証もせずに受け入れている過去本著者はアホの極みである。

い号作戦終了後の4月18日、搭乗機の搭乗員と護衛戦闘機の搭乗員に訓示敬礼する山本五十六 。このあとブーゲンビル島ブインへ向かった。

示後の山本五十六と搭乗員達
左側後ろ姿が山本五十六
写真提供：柳谷謙治氏

故郷へ手紙を書くもの、身体を休めるもの、
満月を眺めてなに思う。
ビルマ進攻日本兵30万のうち、19万が戦死。
未だ多数の遺骨が帰国していない。合掌。

ビルマ（ミャンマー）のジャングルで休憩をとる皇軍兵士
イラスト：花輪和一

第十一章

機動部隊への山本感状が一撃屈服論を否定

機動部隊宛感状

山本五十六がユーチューブ動画ではどの様に扱われているのか知りたくて検索してみた。なんと四百以上の関連動画が投稿されており、その多くがハワイ攻撃の意図を「米国民の戦意を喪失させ、降伏させるためだった」と述べている。すなわち、一撃で米国民を屈服させる「一撃屈服論」を肯定するユーチューバーがほとんどであるということだ。

この「一撃屈服論」なるものは、戦後になって捏造されたプロパガンダであると吾輩は考える。それではその嘘を詳らかに検証しようではないか。

ここに一通の感状がある。日付は昭和十七年四月十五日、差出人は聯合艦隊司令長官　山本五十六、受取人は機動部隊となっている。その文面を見てみよう。

機動部隊

昭和十六年十二月八日開戦劈頭長躯敵布哇軍港ヲ奇襲シ其の飛行機隊ヲ以テ敵米国太平洋艦隊主力及所在航空兵力ヲ猛撃シテ忽其ノ大部ヲ撃滅シタルハ爾後ノ作戦ニ寄与スル所極メテ大ニシテ其ノ武勲

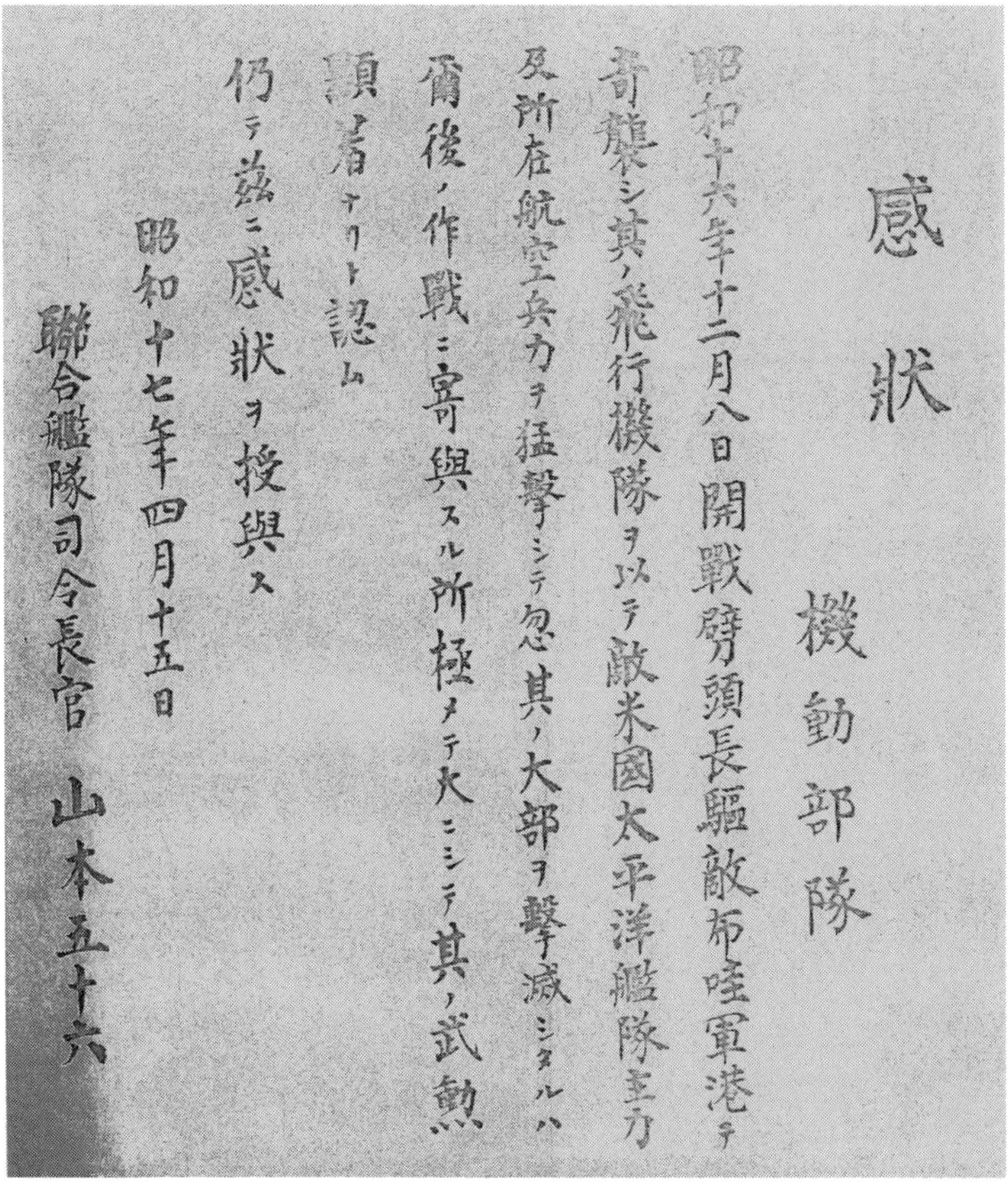

感状

機動部隊

昭和十六年十二月八日開戰劈頭長驅敵布哇軍港ヲ
奇襲シ其ノ飛行機隊ヲ以テ敵米國太平洋艦隊主力
及所在航空兵力ヲ猛擊シテ忽其ノ大部ヲ擊滅シタルハ
爾後ノ作戰ニ寄與スル所極メテ大ニシテ其ノ武勲
顕著ナリト認ム
仍テ茲ニ感状ヲ授與ス

昭和十七年四月十五日

聯合艦隊司令長官　山本五十六

聯合艦隊司令長官山本五十六から機動部隊将兵へ授与された感状
提供：吉岡政光氏

顕著ナリト認ム
仍テ茲ニ感状ヲ授興ス
昭和十七年四月十五日
聯合艦隊司令長官　山本五十六

原文には句読点が付されていないので、読みやすくするため、吾輩が句読点を付し、カタカナをひらがなに改める。

機動部隊
昭和十六年十二月八日、開戦劈頭、長躯敵布哇軍港を奇襲し、その飛行機隊を以て、敵米国太平洋艦隊主力及所在航空兵力を猛撃して、忽其の大部を撃滅したるは爾後の作戦に寄与する所、極めて大にして、其の武勲顕著なりと認む。
仍て茲に感状を授興す。
昭和十七年四月十五日
聯合艦隊司令長官　山本五十六

次に現代文に改める。

宛先　機動部隊

昭和十六年十二月八日、開戦とともに、長躯、敵ハワイ軍港を奇襲し、その航空部隊により、敵米国太平洋艦隊主力と所在する敵航空兵力を猛撃して、たちまち其の大部分を撃滅したことは以後の我が軍の作戦遂行に寄与するところ、極めて大にして、その武勲は顕著であると認める。

よって、ここに感状を授与する。

昭和十七年四月十五日

聯合艦隊司令長官　山本五十六

視ての通り、この感状は聯合艦隊司令長官山本五十六が真珠湾攻撃に参加した第一航空艦隊（機動部隊）将兵へ与えた感状である。

この感状がその写真と共に公開されるのは、おそらく戦後初めてであろう。

この貴重なる資料は、第一航空艦隊・第二航空戦隊・空母蒼龍所属、九十七式艦上攻撃機偵察員であった吉岡政光氏から提供されたものである。

注：吉岡政光氏は令和六年八月に逝去されました。享年百六歳。謹んでご冥福をお祈りいたします。

この文書は山本がなにを目的として真珠湾を攻撃したのかを明らかとする上で重要な意味を持つ。ハワイ奇襲後に発出されたこの山本文書と、ハワイ奇襲前に記された山本文書を比較することにより、作戦前と作戦後でどの様に作戦目的が変更になったのか、あるいは変更はなかったのかを知ることが出来るはずである。

ハワイ奇襲前の山本文書

山本五十六は昭和十六年一月十四日頃、対米英作戦立案中の第十一航空艦隊参謀長・大西瀧治郎少将に書簡を送った。その書簡に応えて、大西は昭和十六年一月二十六日―二十七日に戦艦長門（連合艦隊旗艦）に山本を訪ねたが、その場で大西は山本からハワイ奇襲作戦の立案を依頼された。

山本から大西へ送られた前記書簡には次のように書かれていた。

「国際情勢の推移如何によっては、あるいは日米開戦の已むなきに至るかもしれない。日米が干戈をとって相戦う場合、わが方としては、何か余程思い切った戦法をとらなければ勝ちを制することはできない。それには開戦初頭、ハワイ方面にある米国艦隊の主力に対し、わが第一、第二航空戦隊飛行機隊の全力をもって、痛撃を与え、当分の間、米国艦隊の西太平洋進行を不可能ならしむるを要す。目標は米国戦艦群であり、攻撃は雷撃隊による片道攻撃（片道攻撃となってもやむを得ない）とする。本作戦は容易ならざることとなるも、本職自らこの空襲部隊の指揮官を拝命し、作戦遂行に全力を挙げる決意である。ついては、この作戦を如何なる方法によって実施すればよいか研究してもらいたい」

この書簡内で山本は、真珠湾攻撃の目的は、米太平洋艦隊を殲滅して、米海軍部隊を西太平洋に来寇させないことであると述べている。米国民を落胆させ、戦意を喪失させるという「一撃屈服論」などどこにも書かれていない。

西太平洋とはアジア大陸の東岸地域を指す。支那、台湾、フィリピン、ベトナム、インドネシア、タイ、マレーシア、日本列島が西太平洋沿岸地域である。この地域こそが大日本帝国が目指す大東亜共栄圏確立の対象地域である。ということは、ハワイ真珠湾に停泊する米太平洋艦隊を奇襲全滅させる目的とは、大東亜共栄圏確立のため、対象地域に米艦隊を寄せ付けないこととなる。

すなわち、山本五十六によるハワイ奇襲の目的は、大東亜共栄圏を実現するためであったという結論に達する。

以上が作戦立案段階＝ハワイ攻撃前での「一撃屈服論」の存在を否定する証拠文献である。

次にハワイ奇襲後の山本文書について考察する。

上掲した感状にこそ「一撃屈服論」を否定する真実が記されている。記されている部分は以下の一文である。


爾後ノ作戦ニ寄与スル所極メテ大ニシテ其ノ武勲顕著ナリト認ム

以後の我が軍の作戦遂行に寄与するところ、極めて大にして、その武勲は顕著であると認める

「爾後ノ作戦ニ寄与スル所極メテ大ニシテ」

ここで言う「爾後ノ作戦」とはどの作戦を指すのであろうか。昭和十六年十二月八日から、感状が発出された昭和十七年四月十五日の間に帝国陸海軍が実施した作戦は、章末に示したとおり、そのほとんどが東南アジア地域、すなわち大東亜共栄圏確立対象地域への上陸攻略

作戦である。

ハワイ作戦はアジア解放への第一歩となる南方各地への上陸作戦とその後の占領作戦に寄与したと山本は述べている。ということは、やはり山本は真珠湾攻撃はアジア解放のために実行したと述べているのである。山本はここでも「一撃屈服論」などには触れていない。

山本が一言も触れていない「一撃屈服論」の出所はどこなのだろうか。だれが捏っち上げたのだろうか。この疑問に答えることはさほど難しいことではないであろう。過去に出版された山本に関する書物や映画作品を辿っていけばよい。そうすれば必ず見つかるはずだ。

ＧＤＰ比が十倍以上も離れている以上、対米作戦で「一撃屈服論」など成り立たないことは明白である。そんな無理な目的をドンキホーテのように実行しようとしたのが山本であるとすれば、国民的英雄・山本五十六はアホでマヌケな男であったということとなり、日本の国威を扱き下ろすことができる。だから左翼は「一撃屈服論」を捏っち上げたのである。

また、左翼は名将の誉れ高く、国葬まで執り行われた国民的英雄である山本五十六を、悲劇の英雄であり、戦争の犠牲者であると偽装することにより、国民感情を逆なですることなく、「戦前の日本は英雄を死に追いやるほどの悪党国家であった」という濡れ衣を着せることにも成功した。

左翼とは半藤一利らの過去本著者であることは間違いない。彼らはこの日本を自虐という虚脱状態に置くため、名将かつ希代の英雄である山本五十六を貶め、その名誉を毀損したのである。

結論

戦後、いつの時点かは不明であるが、米国民を戦意喪失に追い込むために真珠湾を奇襲したという、いわゆる「一撃屈服論」は戦後何者かによって、自虐敗戦史観を流布するために捏造されたデマ・プロパガンダである。

作戦立案時と作戦後に山本が残した文書に「一撃屈服論」なる文言など一言も確認できない以上、歴史的には何の価値もなく、一顧だにも値しない戯言である。

吉岡政光氏

感状の資料を提供してくれた吉岡政光氏を紹介する。

真珠湾攻撃へ至るまでの戦歴

昭和十一年六月
　呉海兵団に志願

昭和十二年七月
　霞ヶ浦海軍航空隊整備練習生
昭和十三年二月
　航空母艦「加賀」に整備員として乗艦
昭和十三年十一月
　第四十三期偵察練習生として、横須賀海軍航空隊で飛行訓練
昭和十四年六月
　飛行学校を卒業
昭和十四年九月
　航空母艦「蒼龍」に配属
昭和十六年十一月二十二日
　択捉島単冠湾に第一航空艦隊（機動部隊）が集結
昭和十六年十一月二十四日
　艦隊司令官、南雲中将より訓示
「暴慢《ぼうまん》不遜《ふそん》ナル宿敵米国ニ対シ愈々《いよいよ》十二月八日ヲ期シテ開戦セラレントシ、当艦隊ハ、ハワイヲ空襲ス」

昭和十六年十二月八日
午前〇時三十分
起床
午前一時三十分
ハワイ真珠湾へ向けて発艦、戦艦ユタを撃沈

吉岡政光氏については、ジェイソン・モーガン氏がジャパンフォワード誌で紹介されているので、ここに引用させていただく。

暖かい5月の朝、東京都内の綾瀬駅でJAPAN Forward編集長の内藤泰朗と合流した。内藤は案内人の高橋光一さんと待っていた。三人で吉岡政光さんの自宅に向かった。その後、吉岡さんとの3時間近くに及ぶインタビューは、私の人生で最も貴重で、記憶に残る時間となった。１０５歳の吉岡さんは、彼の驚くような人生をしっかりとした口調で語り始めた。

死を覚悟

１９４１年12月8日未明、当時23歳の帝国海軍軍人、吉岡さんは九七式艦上攻撃機の

飛行学校時代の吉岡政光氏

吉岡政光氏（撮影時105歳）
写真提供：高橋光一氏

搭乗員として空母「蒼龍」の甲板から離陸して、ハワイのオアフ島にある真珠湾に向かった。

目的地に到着し機体の下に固定された重さ約800キロの魚雷を放つと、真珠湾に浮かぶ戦艦「ユタ」は爆発し、艦体に大きな穴があいた。戦艦「ユタ」や戦艦「アリゾナ」、戦艦「オクラホマ」、その他のアメリカ合衆国の戦艦や航空機はその日、寿命に幕が降ろされた。同時に大日本帝国とアメリカ合衆国との太平洋での戦争がその朝、始まったのだ。

「二度と生きて帰ることはないかもしれない」――。真珠湾攻撃について初めて知らされた時、吉岡さんは、死を覚悟したと語った。攻撃に加わった者たちは、日本のため、それほどまでの覚悟で真珠湾攻撃に臨んでいた。

歴史の真実

真珠湾攻撃の後、私の祖父は米海軍に志願し、訓練を受けて空母の乗組員となり、太平洋戦争を戦った。終戦後、祖父は横須賀で占領軍の一員として半年ほど日本に滞在した。戦争中、特攻隊の攻撃を見たと話していた。そんな祖父の影響もあり、私は若い頃からアジア、とりわけ太平洋戦争と日本に興味を持っている。

しかし、いくら興味を持っていると言っても、歴史を体験した人の話を聞く機会は、戦後78年の歳月が経ち、それほどあるものではない。太平洋戦争を戦った吉岡さんの話は、歴史の真実であるがゆえに貴重なのだ。

吉岡さんの話に戻そう。

戦いの光景

吉岡さんは、真珠湾攻撃の前にはアジア大陸で援蒋ルートを遮る作戦に参加していた。援蒋ルートというのは、アメリカ、イギリス、フランス、ソ連などの列強が、国民党の指導者である蒋介石を援助する（「援蒋」）ために使った東南アジアから中華民国に辿り着くジャングルや山を通過する道のネットワークを指す。

日本軍は当時、満洲国、朝鮮半島などや日本の本土を守るため、内戦状態にあった中国の、とりわけ中華民国の軍隊を率いる蒋介石と戦っていた。吉岡さんは、大日本帝国海軍の一員としてその援助をブロックする作戦に参加したわけだ。数年後、日本と列強との対立がエスカレートし、吉岡さんたちはオアフ島の空の上から真珠湾を攻撃するに至った。

吉岡さんは、80年以上前のことを細かく覚えていた。話しながら思い出していることがわかった。手を使って戦闘機の攻撃角度、離陸する姿勢などを示しながら生き生きと話した。黒煙が濛々と立ち込める中、戦艦「ユタ」を撃沈した瞬間を思い出し、目がキラキラと輝き、昔の戦いの光景が心の中で蘇っているようだった。

しかし、吉岡さんは、戦後のことはほとんど語らなかった。戦争で亡くなった友人や他の戦死者を思い起こして靖国神社を参拝した。自ら放った魚雷で犠牲になった戦艦「ユタ」のアメリカ人乗組員の遺族には「申し訳ないと思う」と述べ、彼らのお墓にお参りして「深い敬服を表したい」とも語った。

吉岡さんと彼の同志たちは、戦争について謝る必要はまったくないだろう。なぜなら、戦争は、お互いの国の正義がぶつかりあった結果であるからだ。人命が失われることはもちろん、悲劇であるが、個人が謝ることではない。しかも、日本は当時、行き詰まりを蹴破って列強による悪質な世界秩序を平等な関係にしようとしたのではないかと、私は思っている。

特攻隊の準備

戦争が終焉に向かっていくと、吉岡さんは特攻隊として出撃準備を命令された。しかし、部品が足りなくて飛べる飛行機がなく、１９４５年8月15日、生きたままに玉音放送を聞いた。真珠湾攻撃から終戦の日まで、吉岡さんはずっと死ぬ覚悟でいたが、奇跡的に何度も死線を超えて生き残った。

「宿敵」から友へ

インタビューの最後に、日本とアメリカがもっと協力する必要があると、吉岡さんは強調した。戦後、中国共産党との内戦で負けそうになった蒋介石は台湾に逃げた。今も台湾は中国共産党に威嚇される。その中国共産党は今や、日本を含め全世界の覇権を握ろうとしている。昔、「宿敵」だと呼ばれたアメリカはいま、日本と肩を並べてモンスター化した中国とどのように向き合うのだろうか。今回は、アメリカと日本は、ともに正しい道を選ばなければならない。

この一世紀、世界に起きた激変と世界の未来を、先の大戦に参加した105歳の生き証人はどう思うだろう。

開戦から翌年四月十五日までに実施された日本軍による主たる作戦

昭和十六年十二月八日

午前一時三十分

帝国陸軍、マレーコタバルへ上陸開始。現地マレー人により解放軍として迎えられる。

午前二時四十分

帝国海軍航空部隊が真珠湾に停泊中の米国太平洋艦隊への攻撃を開始。

帝国陸軍は真珠湾攻撃と同時刻に香港攻略作戦開始。

昭和超帝による宣戦の大詔が発せられる。

午後〇時二十分
帝国政府声明を発表「米英からの自国防衛、東亜に於ける米英による暴政の排除（アジア解放・独立）が開戦目的である」ことを明記し米英に宣戦布告。

昭和十六年十二月十日
マレー半島東方沖にて日本海軍の航空部隊（一式陸攻、九六式陸攻）が英国東洋艦隊を殲滅。
帝国陸軍第十四軍の一部は十二月八日に離島のバタン島、十日にルソン島北端のアパリとビガン、十二日にルソン島南端のレガスピーに上陸し、フィリピン攻略作戦を開始。

戦争名を大東亜戦争と決定。

大東亜戦争という呼称は一九四一年（昭和十六年）十二月十日の大本営政府連絡会議によって決定され、同十二月十二日に閣議決定された。

閣議決定「今次戰爭ノ呼稱並ニ平戰時ノ分界時期等ニ付テ」は、その第一項で「今次ノ對米英戰爭及今後情勢ノ推移ニ伴ヒ生起スルコトアルヘキ戰爭ハ支那事變ヲモ含メ大東亞戰爭ト呼稱ス」と明記し、「大東亜戦争」の呼称と定義を正式に決定した。同日情報局より、「今次の對米英戰は、支那事變をも含め大東亞戰爭と呼稱す。大東亞戰爭と呼稱するは、大東亞新秩序建設を目的とする戰爭なることを意味するものにして、戰爭地域を主として大東亞のみに限定する意味にあらず」と発表され、この戦争はアジア諸国における欧米の植民地支配の打倒を目指すものであると規定した。この方針は一九四三年（昭和十八年）十一月の大東亜会議で「再確認」がなされている。

昭和十六年十二月十六日
アウン・サンと同志たちは南機関の支援を得てタイ王国の首都バンコクにてビルマ独立義勇軍を創設。

昭和十七年一月十一日
日本軍はオランダ領のボルネオ島タラカンとセレベス島メナドへの進攻を開始し、翌十二日にオランダと戦争状態である旨の声明を発表。

昭和十七年二月十五日
英国極東戦略の要であるシンガポールが陥落。
投降インド兵であるモハン・シン大尉が藤原岩一大佐の説得に応じて、マレー・シンガポール戦で捕虜となったインド兵によるインド独立を目指す軍の設立に同意しインド国民軍が創立された。

昭和十七年二月十六日

シンガポール陥落に当たって東條首相が談話を発表。インドネシア独立派からも派兵要請があるとしてインドネシア解放に言及。

昭和十七年二月二十七日

ジャワ沖海戦で連合国軍が敗北

昭和十七年二月二十八日

日本軍は二月二十八日の夜半に、大した反撃も受けずにジャワ北岸の四カ所から上陸。ジャワ島マゲランでは、街頭はあっという間に日の丸の小旗で埋って、現地民は〝侵略者らを熱狂的に〟迎え入れ一緒にお祭り騒ぎを始める。蘭印のいずこでも同じような例がみられた。

昭和十七年三月五日〜七日

日本軍、蘭領ジャワ島バタビア（現ジャカルタ）を占領。

現地オランダ軍降伏後、直ちにスカルノ、ハッタなど独立運動の志士たちを解放。代わりにオランダ官憲を投獄。

注：第十六軍司令官今村均はオランダに囚われていたスカルノやハッタらを解放し、民生安定のために民族主義者の協力を要請した。スカルノらもまた民衆総力

日本軍の攻撃を受ける戦艦レパルス（上）と戦艦プリンス・オブ・ウェールズ（下）

シンガポール戦をともに戦った日本兵とインド兵
マレー半島攻略戦で捕虜になった英軍インド兵が日本側へ寝返り、インド独立を目指して共にシンガポール攻撃に加わった。

沈没寸前の戦艦プリンス・オブ・ウェールズから避難する英国兵

結集運動を組織し、インドネシアの独立のために日本軍に協力しオランダ軍をはじめとする連合国軍と戦うことを選択した。

昭和十七年三月八日

日本軍とアウン・サンが指揮するビルマ独立義勇軍が首都ラングーンを陥落させる。ラングーン占領後、那須義雄大佐を長とする軍政部を設置。

昭和十七年三月十日

インドネシア駐留オランダ軍が帝国陸軍に全面降伏。全インドネシアを日本軍政下に置く。

解説：日本軍による軍政概要

オランダによって捕らえられ、流刑先にあったスカルノやハッタらの民族主義運動の指導者を解放し、またナフダトゥル・ウラマーなどイスラーム系諸団体の宗教指導者らに協力を要請し、彼らの指導力を利用して、物的・人的資源の調達をはかろうとした。一方の民族主義運動の指導者たちも、軍政当局によってあたえられた地位を活用して民衆に語りかけ、その民族意識を鼓舞した。そうした活動によって、スカルノらは民族の指導者としての地位を確立していった。

これに併せて日本は、オランダ支配下で迫害されていたイスラム教の存在を認め、イスラム教徒による活動を自由化した他、オランダによる愚民化政策を受けてこれまで

モハマド・ハッタ

スカルノ

ビルマ戦線で英軍と戦闘中の日本軍

行われていなかった一般国民に対する初等教育から高等教育に至る教育制度の充実を行い、インドネシア語と併せて、オランダ語に代わり日本語による教育を行った。また、軍政当局は東インドにおける兵力不足を解消するために、兵補や郷土防衛義勇軍を設立して、現地住民の子弟たちに軍事教練を施した。その訓練は苛烈を極めたが、これらの軍事教育を受けた青年たちが、次の独立戦争でオランダと戦うインドネシアの軍事組織の将校団を形成していくことになった。その後日本はインドネシアの独立の方針を推し進め、一九四四年九月にはインドネシア国旗の掲揚と国歌の斉唱を解禁した他、一九四五年三月には独立準備委員会を発足させた。同委員会は同年八月十九日にスカルノとハッタ、ラジマンによって独立宣言すると言う方針を決定し、軍政当局や日本政府もこれを承認した。

第十二章

定番の山本五十六像への反論

山本五十六は悲劇の将軍であるという捏っち上げ

アジア解放を完遂した提督のどこが悲劇的なのだ。

山本はしたくない戦争を強要させられた

無理くりやらされた割には随分と仕事が早いではないか。山本が戦死してから六ヶ月後の十月二十四日までに、ビルマ、フィリピン第二共和国、自由インド仮政府が独立を宣言した。そして十一月六日には大東亜会議が開催され、大東亜宣言が採択された。まるで山本五十六は東亜独立を天上から指導するために召されたような展開である。何が不運なる提督だ、開戦目的を達成した提督のどこが不運なのだ。

山本が立案実行したい号作戦は失敗だった

前述したとおり、山本が立案実行したい号作戦で米軍を東部ニューギニア、ブーゲンビルに閉じ込めたからこそ、東亜大陸でビルマ（現ミャンマー）、フィリピン第二共和国、自由インドの独立を速やかに進めることができた。開戦目的である東亜の解放を実現するための囮作戦のどこが失敗作戦で無意味な作戦だったのだ？

山本は女好きで妾が複数いた

だからどうした。男が女好きでなかったら、人類はとっくの昔に滅んでいる。だいいち過去本著者こそ、山本をダシに使って印税を稼ぎ、クラブ活動に勤しんでいるではないか。山本の女癖をああだこうだ言える立場なのか？　妾を囲っていたことなど、山本の偉業たる「アジア解放・人種平等実現」に較べれば「チンマイ、チンマイ、あまりにもチンマイ、チェンマイはタイ」である。

山本は善人で思いやりのある人だった

だからどうした？　善人であろうが、なかろうが、山本の偉業たる「アジア解放・人種平等実現」に較べれば「チンマイ、チンマイ、あまりにもチンマイ、チェンマイはタイ」である。

五十六は敗戦するとわかっていながら、開戦した

負けそうでも下命あらば参戦するのが軍人の務めである。過去本著者らはそのことがわかっていない。軍人や武士が負けそうだからといって、闘いませんとか言い出すなら、国家の防衛はままならなくなる。たとえ自分が囮部隊にされていると分かっていても闘うのが軍人である。過去本著者は軍隊経験のない民間人であり、平和ぼけしているから軍人の心構えを分かっていない。

軍人は常に部下を叱咤し、強気に振る舞わなくてはいけない。そんな現場に吾輩は直面したことがあるので紹介しよう。米陸軍寒冷地研究所に勤務していた頃の話である。

一九八六年秋、米陸軍工兵隊長のエルビン・R・ハインバーグ三世陸軍中将が吾輩が制作した吹雪模型風洞実験装置を視察するため、ワシントンからわざわざCRRELを訪ねてきた。その後、工兵隊長から報告を受けた陸軍総参謀長のジョン・A・ウィッカム・ジュニア陸軍大将も訪ねてきた。CRRELに総参謀長と工兵隊長が来所するのはCRRELの歴史はじまって以来の出来事であり、所内はテンヤワイヤの大騒ぎであった。

以下の写真はそのとき大将に展示された吹溜り模型実験である。模型軍用車輌のサイズは二センチ×四センチ、農場模型の縮尺は三百分の一である。

当時の参謀総長と取り巻きの会話の様子は拙著『哀愁のニューイングランド』（展転社）に

軍用車両周辺に発生する吹きだまりの模型実験　車輌の長さは 4cm

農家周辺に発生する吹溜り模型実験　縮尺＝ 300 分の 1

米国陸軍工兵隊長　エルビン・R・ハインバーグ中将

米国陸軍総参謀長　ジョン・A・ウィッカム・ジュニア大将

詳述してあるので引用する。吾輩が米国における人種差別を初めて受け、大東亜戦争の原因は米国側の日本人に対する人種差別にあると確信した瞬間であった。

「トニー参謀長が着いたぞ！」

所長以下随行のもの全員が頷き、ゴマすりに余念がない。有色人種の前ではいつも気位高く振る舞う白人スタッフが、参謀長の前ではペコペコと幇間のように振る舞う姿を見るのは不思議な感触を覚えるものである。ハッセルブラッドを腕に抱えた参謀長付カメラマンがストロボを焚いている。

参謀長が操作盤の前に立つ私を指さした。それと同時にダイアナさんが私の横に立った。通訳として同行したそうである。ダイアナさんが参謀長の南部訛りを日本語に通訳してくれる。

「そこのジャパニーズ　スチューデント、えーと何という名前だったかな」

ヘンリー博士は私を日本から来た研修学生と紹介したらしい。

「タナカです」

「ミスタータナカ、今日はアシスタントありがとう。ヘンリー博士を手伝ってよく学び、この技術を日本に持ち帰ってくれたまえ」

参謀長はこの装置の開発者はヘンリー博士一人だと勘違いしているようである。

その時、ダイアナさんが参謀長に何かを耳打ちした。すると参謀長は大変驚いた表情を見せ、次のようにコラールスタッフを叱咤した。

「一体今まで陸軍はこの研究所に幾らつぎ込んできたと思っているのだ。なのにこんな重要な研究を日本の学生に教わらなくては何も出来ないとは情けない、この研究を最優先課題として君たちはタナカに協力し、完成させたまえ。私はワシントンで工兵隊長とともに予算を確保する」

何故かジョニーとボスも一緒に叱られてしまった。

参謀長は私の方を振り向くと
「ミスタータナカ、日本の自衛隊は何故この研究を発展させようとはしないのかな」と訊いてきた。

「私が日本にいた頃、自衛隊との接触は全くありませんでした」

「俺は在韓米軍の司令官をしていたから、日本の自衛隊の事情は良く知っているつもりだ、彼らの戦場は北海道、サハリン、千島列島だ。何故この研究をやろうとしないのかな。それとも、こういう技術まで米軍が供与してくれるとでも思っているのか」

と不思議そうな顔をする。随行の秘書官が、

「将軍、もうお時間です」

と退出を促す。

「それじゃあ、ミスタータナカ、頑張ってくれたまえ」

と私に握手を求めると、ヘンリー博士と他のコラールスタッフを睨み付け立ち去っていった。そしてダイアナさんは再び私にウインクをして参謀長の後を追っていった。

ヘンリーのせいで身に覚えがないのに恥をかかされたボスは両手を広げ、私とジョニーに後かたづけを命じて将軍を見送りにいった。

吾輩はこの時生まれて初めて軍の最高司令官と会話した。そのとき眼前に広がる光景はハリウッド映画で見慣れた戦争映画の光景である。司令官には威厳があり、部下達を叱咤激励をしても、愚痴をこぼしたり、弱音を吐くことなどありえないのである。

ウイッカム米陸軍総参謀長は前職がNATO軍司令官、その前が在韓米軍司令官である。軍での地位は山本五十六やマッカーサーより上になる。米陸軍トップの毅然かつ威厳に満ちた振る舞いを見せつけられた。

軍の秩序と士気を保持するため軍のトップは常に威厳を保ち、強く振る舞わなくてはならないのである。

ウイッカム米陸軍総参謀長が、山本五十六が発言したとされるように、「まぁー、最初の半年、一年くらいなら暴れて見せますが、その後はどうなるか知りませんよ」とか、「負けるから本当は闘いたくない」とか口にするはずはない。それらの発言は過去本作者による捏っち上げである。

山本五十六は日独伊三国同盟に反対していた

だったらどうした。日独伊三国同盟を締結したから、ドイツから日本では作れない軍事技術がもたらされた。例えば、戦闘機三式戦飛燕に使われた、水冷式の航空エンジン、ダイムラーベンツDB601である。当時の日本には高出力の水冷航空機用エンジンを製造する技術はなかった。このエンジンは艦上攻撃機彗星にも使用された。ただし国産のDB601は、日本の技術ではクランクシャフトを鍛造する技術が不十分なため、大量生産することが難しかった。そのため不具合が発生することが多く、故障の多いエンジンという評価であった。
そこで昭和十九年になると陸軍は信頼性の高い空冷エンジンを代用し、五式戦という名器が誕生した。五式戦はグラマンF6F、P51ムスタングにも引けを取らない名機となった。国産工作技術の不備から、十分な性能を発揮できずに終わったエンジンであったが、戦後我が国の水冷大出力エンジンにその技術は引き継がれた。

日本初のジェットエンジンもドイツからもたらされた。当初は日独連絡潜水艦でサンプルの実機二機と詳細設計図が運ばれる予定であったが、潜水艦が途中消息を絶ったため実機を得ることはできなかった。しかし別路帰国した海軍技術中佐が全体図と写真を持ち帰り、日本最初のジェットエンジンであるネ20が開発され、試作戦闘機橘花のエンジンとして採用された。日本のジェットエンジンのルーツはドイツ製BMW003なのである。

ドイツからはレーダー技術ももたらされた。当時の日本のレーダーは性能は十分とは言えなかった。ドイツ人技術者が来日し、使用する真空管の開発など高性能化を図っていた。

〝日独伊三国同盟〟は軍事同盟ではない。軍事同盟なら帝国陸海軍も欧州に軍を派遣していたはずである。緩やかな同盟関係であって、協力関係、〝三国友好条約〟といった方が近い。そんな友好条約程度の関係に山本が頑なに反対するのもおかしいし、軍人である山本が政治に口を挟むこともおかしい。

山本五十六が三国同盟を不憫に思っていたか、その証拠も明確には提示されていない。友

2009年8月、著者とメッサーシューミットME109戦闘機
搭載エンジンはメルセデス・ベンツDB601（ドイツの航空博物館にて）

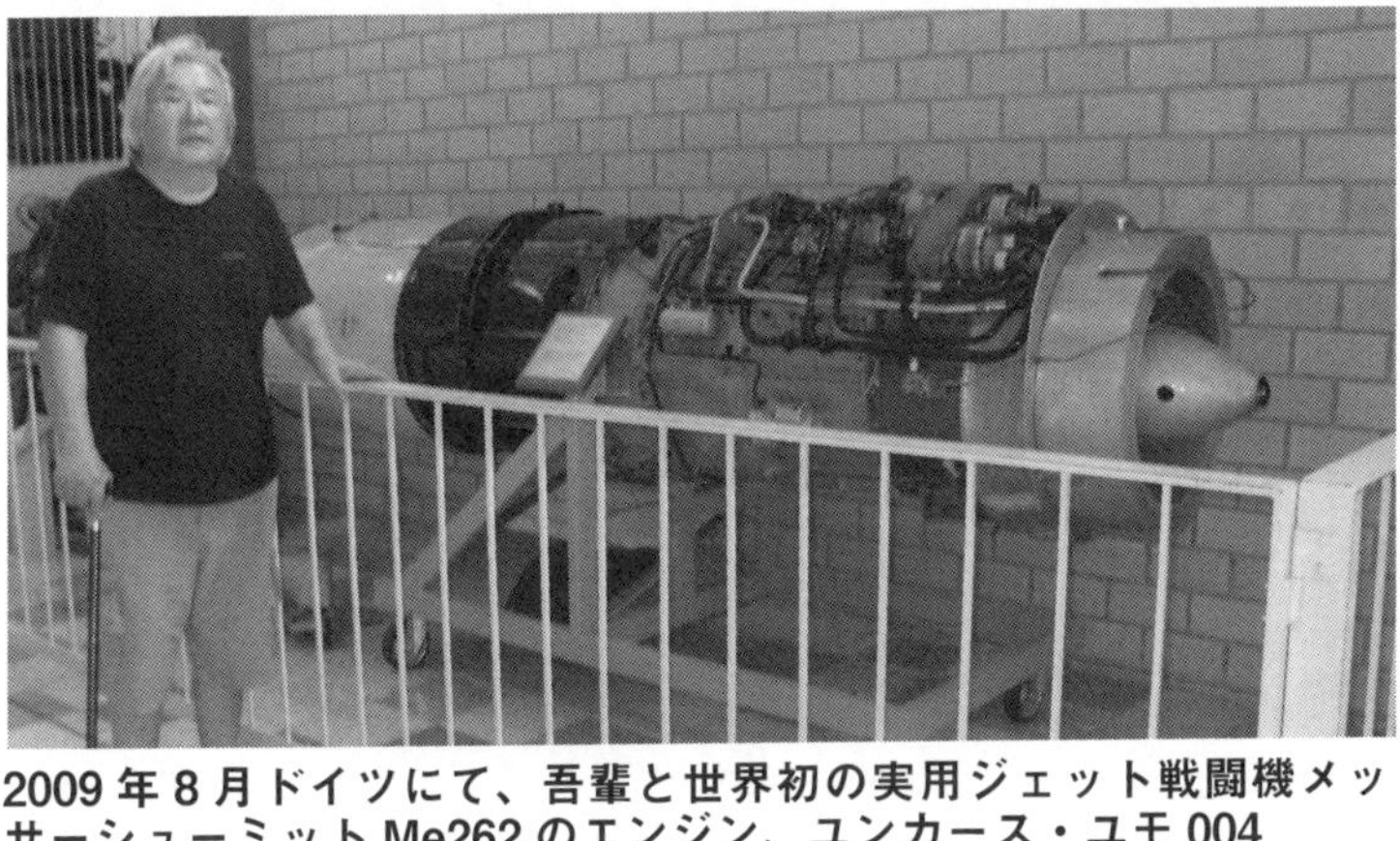

2009年8月ドイツにて、吾輩と世界初の実用ジェット戦闘機メッサーシューミットMe262のエンジン、ユンカース・ユモ004
このエンジンが現在に繋がるターボジェットのご先祖さまです。（ドイツの航空博物館にて）

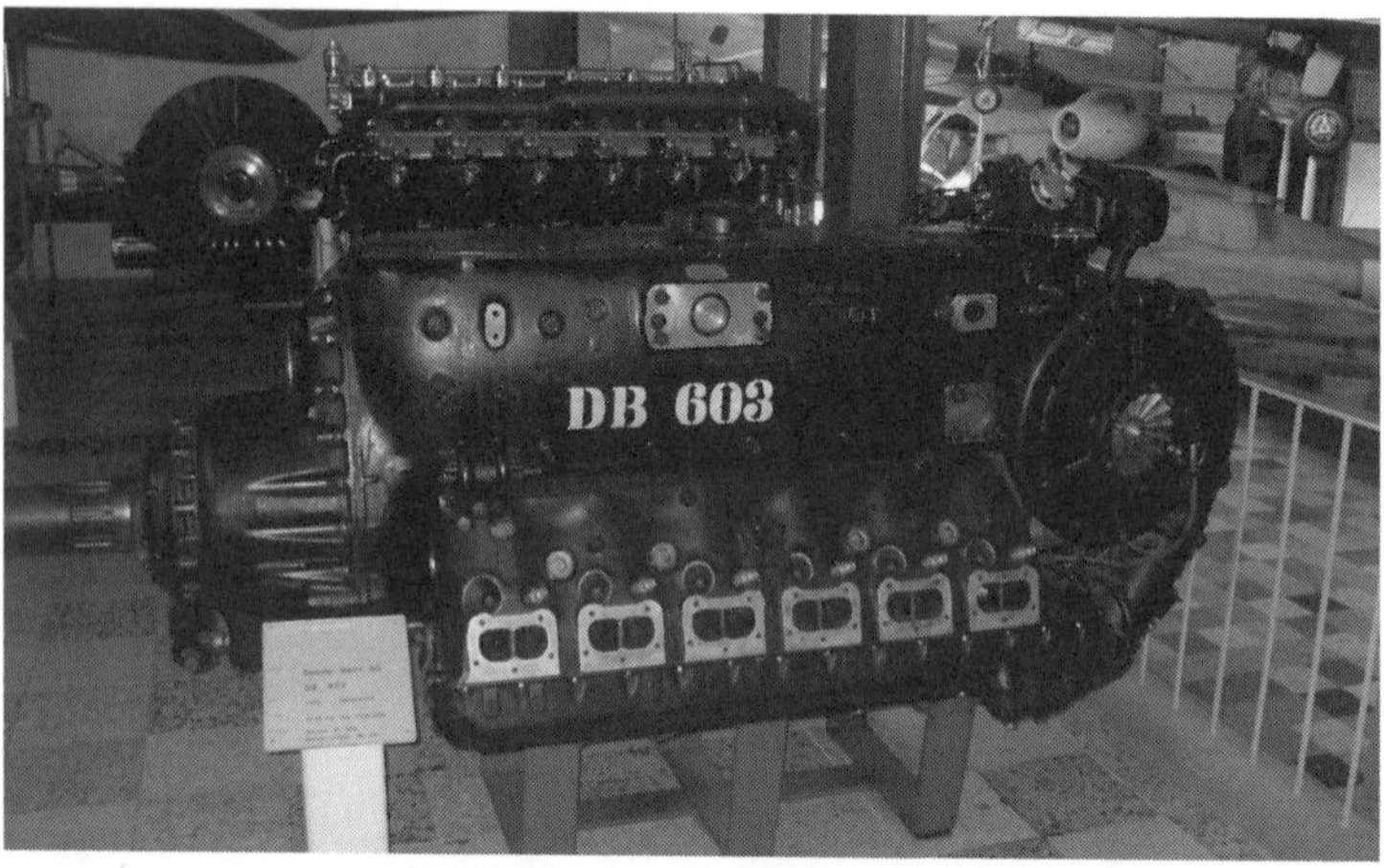

メルセデス・ベンツ DB603 エンジン
2009 年 8 月、ドイツの航空博物館にて

ミグ 15 戦闘機のエンジンと花輪和一氏、著者
2009 年 8 月い、ドイツの航空博物館にて

人に「僕は三国同盟は嫌いなんだ」と語ったとか、友人に当てた手紙にそう書いてあったとか、すべて伝聞や噂のたぐいである。それらの発言が公的な場で発言され、その発言が文書に残されているなら山本の発言であると認めるが、女の枕で語った〝枕詞〟であったとか、博打にマケタ腹いせに発した言葉とか、同僚に宴席でこぼした話とか、焼き鳥屋でのオッサン会話であったというなら、それは公的立場を踏まえた発言とは認められない。過去本に語られる山本に関する逸話は、すべてが伝聞、引用、噂を出所としている。捏っち上げだということだ。

「死人に口なし」を良いことに、戦後の左翼作家がそれらしく捏っち上げたものである。

さらに、海軍首脳でもある山本が、同僚、妾、友人に軍事外交、作戦について軽口するであろうか。もしも山本が「戦争はしたくない」とか「どうせ勝てっこない」、「三国同盟には反対だ」、「最初の半年しか優勢は保てない」などと口走っていたなら、指揮官の資格はない人物と見做される。指揮官のそのように悲観的見通しが敵国に知られると、足下を見透かされ、勝てる戦も勝てなくなるからだ。戦場では弱気な指揮官は百害あって一利なしなのである。軍人としてあるまじき言動を連合艦隊司令長官がするはずないではないか。するはずない事を、したとするためには、伝聞、風評を捏っち上げるしかなくなる。

戦後、日本の「左翼、ＮＨＫ、メディア、マスコミ」は戦時中には真珠湾奇襲成功によって国民的英雄として崇められていた山本五十六を、反軍・反政府・反戦主義の「悲劇の海軍提督」と脚色することにより、大日本帝国がいかに非道なる軍国主義国家であったことを強調しようとしているのである。いかにも共産主義左翼が考えそうな卑怯かつ狡猾な手法である。国民の英雄まで衣装を着せ替えて革命の道具にしようとしているのである。呆れたやつらである。

山本五十六の業績が「アジア解放・人種平等実現」ということになれば、左翼捏っち上げによる、「弱虫なる山本五十六」反軍・反政府・反戦主義の「悲劇の海軍提督」像は轟沈してしまう。本書執筆の目的は左翼による山本五十六評を粉みじんに粉砕し山本の名誉を回復することである。

山本五十六は開戦に反対していたという捏っち上げ

開戦に反対などしていない。開戦に当たって、米英と闘うには軍備が不十分だと軍内で愚痴をこぼしただけである。軍人たるもの一旦下命を拝すれば、たとえ軍備は不十分であっても闘わなくてはならない。それが軍人である。

ところで五十六が危惧したとおり、旧日本軍は軍備不足だったのであろうか？この問題について議論するなら。答えは簡単だ。

戦争目的たるアジアの解放を成し遂げたわけであるから、アジアを独立させるに必用な最低限の軍備は備えていたことになる。不足などしていなかったということだ。

正妻は妾保持を黙認していた

当時、偉い人が妾をはべらせるのは常識であった。事実上一夫多妻制だったと言っても良いくらいだ。優秀なオスの遺伝子は多くのメスに子を産ませ残さねばならないという発想だ。当時は幼児死亡率が高く、遺伝子を残すことに苦労していた。それ故、妾の存在を容認する正妻こそが良き妻と見做されていた。

妾に敵愾心を抱き、嫉妬に狂っていた嫁は勝海舟の嫁くらいで、悪妻と言われている。ところで、山本の妾と正妻の関係がどうであれ、それがアジア解放という山本の偉業にどう影響するというのだ？

妾同士は反目していた

女性というものはそういうものなのだ。生物学的に言うなら、雌はオスを独占しようとする本能があるし、オスは子種を広く拡散しようとする本能を持つ、その本能はまるで建前の時の餅まきのようでもある。一例を挙げよう。タガメの雌はオスが他の雌に生ませた卵を食べてしまい、オスには新たに自分に種付けしないと子孫は残せないことを悟らせ、新たな種を獲得する。メスの繁殖本能とは斯様に冷徹かつ残忍なものなのである。

妾同士の反目に苦しみながらもアジアを解放した山本五十六は偉い人だと吾輩は思う。

五十六は下戸で酒を飲めなかった

酒を飲めたかどうかが、山本によるアジア解放事績に何の関係があるのか。アジア解放・白人植民地壊滅という山本の業績を取り上げずに、下戸であったことをあたかも大事であるかのように取り上げるのが過去本著者らである。

五十六は酒を飲めない代わりに博打好きであった

男というものはそういうものだ。酒を飲めない男というものは、

（1）女好きになる

（2）博打好きになる

（3）女と博打の両方を好きになる

のいずれかに身を落とすものなのだ。

五十六の場合は（3）である。生来欲張りな性格だったのかもしれない。

いずれにしても、五十六の女好き、博打好きなどどうでも良いことではないだろうか。偉大なる彼の業績＝アジア解放に較べれば、些細なことである。「木を見て森を見ず」どころか「葉を見て、枝を見ず、枝を見て木を見ず、木を見て森を見ない」というような本を書いていたのが過去本著者たちである。もう一度繰り返す。アジア解放という大業の前には個人的性癖などどうでも良い。

山本は故郷を愛し、国を愛していた

いちいち当たり前のことをネタにするな。そんな当たり前のことをネタにしないと山本を描けないのか？　人はあまねく祖国と郷土を愛するものである。別に山本だけが突出して郷土愛が強かったわけではない。アジア解放という山本の偉業に較べるなら、どうでも良い些末なことである。

第十三章

器なき小者《こもの》が大人《たいじん》を描くからこうなる

過去本著者のほとんどは、アジア解放、有色人種解放、人種平等実現という視点から大東亜戦争を捉えていないため、五十六の枝葉末節しか視えていない。全体像が視えていないのである。ある意味盲目と言って良いであろう。一体何のために歴史作家をやっているのであろうか。

前掲した過去本の中に驚くべき記述を見た。どの本の裏表紙とは言わないが、次の文言が記されていた。

「軍人としての能力を問う」。

そしてこの著者は、ミッドウェー海戦（昭和十七年六月五―七日）における山本の指揮は「戦術的怠惰」に陥ったと結論している。

前述したとおり、ミッドウェー海戦の翌日、フィリピンの米軍は日本軍に対し全面降伏している。この降伏が一年後のフィリピン第二共和国の独立へと繋がる。もしも米海軍がミッドウェーで集結している南雲機動部隊に肩透かしを喰らわせて、ガラ空きとなっているフィリピン海域に来寇していたら、現地日本軍は大損害を受け、在比米軍・反日ゲリラを勢いづかせたことであろう。

前述したとおり、ミッドウェーで三隻の残存空母のうち、空母ヨークタウンを撃沈され、残存は空母ホーネットとエンタープライズの二隻になってしまった。そしてその二隻も四ヶ月後（同年十月二十六日）に開始された南太平洋開戦にて、ホーネット撃沈、エンタープライズ大破の被害を受け、太平洋で稼働する米空母は一隻もなくなった。翌年の昭和十八年になると米海軍は鳴りを潜め、隠忍自重するはめとなった。その間、帝国陸軍はアジア大陸にてビルマ、フィリピン第二共和国、自由インド仮政府を独立させ、同年十一月六日には人類史上初の有色人種による国際会議である大東亜会議を東京で開催し、人種平等、植民地の独立と自由貿易の確保を宣した大東亜宣言を採択した。この大東亜宣言の精神は、後に一九五五年バンドン会議と一九六〇年国連総会決議にて追認されている。

山本五十六が一番槍として米太平洋艦隊をわずか数時間で壊滅させ、マレー上陸軍を援護したから、山下奉文陸軍中将はシンガポールを陥落させ、牟田口廉也陸軍中将はシンガポール戦からビルマ戦へ転戦し、インパール作戦でインドを独立へと導くことができた。その結果、人類史上最大の植民地領土を誇る大英帝国が壊滅した。

本間雅晴陸軍中将が米国領フィリピン植民地を解放独立させることができたのも、今井均中将が蘭印攻略作戦でジャワ島へ上陸作戦を敢行できたのも、山本五十六がハワイで米太平洋艦隊主力を殲滅したからだ。

欧米アジア植民地を解放独立させることができたのはすべて山本五十六のお陰なのである。なのに、ただの凡庸なるそこいらの作家風情が「山本の軍人としての能力を問う」とは何事であろうか。分をわきまえろ。

過去本著者は、誰のお陰で紙と電気とガソリンを湯水のごとく浪費し、印税を稼げていると思っているのだろうか。

大東亜戦争はアジア中東を独立させた。その結果、すべての有色人種は人種平等を勝ち取り、大東亜共栄圏は事実上完成した。そして、独立したアジア中東各国は日本が必用とする工業原料（綿花、石油、天然ガス、製鉄用石炭、鉄鉱石、ボーキサイト、銅、錫、亜鉛、ゴムなど）を必用とする分だけ供給してくれた。その結果、戦後日本は高度経済成長に突入した。その戦いの一番槍をかって出て、結果を見ることなく、志半ばで散華した山本五十六に対し「軍人能力を問うてみたら、戦術的怠惰があった」とは何事か？

過去本著者は、何の国家的世界的業績もないくせして、人類を人種差別と奴隷制から救った山本五十六を評定する資格があると考えているのだろうか。もしもあると考えているなら、自惚れも甚だしいと吾輩は考える。

君たち過去本著者らは自分がネズミの器しかないのに、山本五十六という巨象を描こうとするから、山本の些細、枝葉、末節しか視ることができない。普段からもっとデカいことを考えるように訓練することだ。まあ無理だろうが、無理だとしても、アジアを解放した次の将軍達に感謝ぐらいしてはどうだろうか。

ウィキペディアより

アジア解放・人種平等実現

東條 英機
とうじょう ひでき

1940年代撮影

生年月日	1884年12月30日[注釈 1]
出生地	日本 東京府東京市麹町区 （現・東京都千代田区）
没年月日	1948年12月23日（63歳没）
死没地	日本 東京都豊島区 巣鴨拘置所
出身校	陸軍士官学校（第17期） 陸軍大学校（第27期）
前職	関東軍参謀長
所属政党	大政翼賛会（1941年 - 1944年）[注釈 2]
称号	従二位 勲一等旭日大綬章 功二級金鵄勲章 勲一等瑞宝章 ドイツ鷲勲章 聖マウリッツィオ・ラザロ勲章 チュラチョームクラーオ勲章 大勲位蘭花大綬章

アジア解放・人種平等実現

山本《やまもと》 五十六《いそろく》

	（現・長岡市坂之上町）
死没	1943年4月18日（59歳没） ソロモン諸島・ブーゲンビル島上空
所属組織	大日本帝国海軍
軍歴	1901年 - 1943年
兵科	兵科
最終階級	元帥海軍大将[注釈 1]
指揮	海軍航空本部長 連合艦隊司令長官
勲章	大勲位菊花大綬章 功一級金鵄勲章 旭日大綬章 勲一等瑞宝章 勲二等瑞宝章 勲四等旭日小綬章 ドイツ鷲勲章大十字章 ドイツ剣付柏葉騎士鉄十字章
出身校	海軍兵学校32期 海軍大学校甲種学生14期 ハーバード大学
配偶者	山本礼子
子女	山本義正（長男）
親族	高野貞吉（父） 野村貞（叔父） 斎藤正久（相婿）
墓所	多磨霊園

フィリピン解放

本間 雅晴
Masaharu Honma

防暑衣を着用した本間雅晴

生誕	1887年11月27日 日本・新潟県佐渡郡畑野町 (現：佐渡市畑野)
死没	1946年4月3日 (58歳没) フィリピン・マニラ首都圏近郊 ロスバニョス (英語版)
所属組織	大日本帝国陸軍
軍歴	1907年 - 1942年
最終階級	陸軍中将

インド・ミャンマー解放

牟田口《むたぐち》 廉也《れんや》

生誕	1888年10月7日 日本 佐賀県
死没	1966年8月2日 (77歳没) 日本 東京都 調布市
所属組織	大日本帝国陸軍
軍歴	1910年 - 1945年
最終階級	陸軍中将
勲章	勲一等瑞宝章ほか

シンガポール解放

山下《やました》 奉文《ともゆき》

（昭和18年）陸軍大将進級直後の山下

渾名	マレーの虎
生誕	1885年11月8日 日本・高知県長岡郡大杉村 （現・大豊町）
死没	1946年2月23日（60歳没） フィリピン・ラグナ州 ロス・バニョス（英語版）郊外
所属組織	大日本帝国陸軍
軍歴	1905年 - 1945年
最終階級	陸軍大将
出身校	陸軍大学校卒業
墓所	多磨霊園

インドネシア解放

今村 均

生誕	1886年6月28日 日本 宮城県 仙台区
死没	1968年10月6日（82歳没）
所属組織	大日本帝国陸軍
軍歴	1907年 - 1945年
最終階級	陸軍大将
除隊後	防衛庁顧問

南機関　ビルマ独立

鈴木 敬司

鈴木敬司大佐

生誕	1897年2月6日 日本 静岡県
死没	1967年9月20日（70歳没）
所属組織	日本陸軍
軍歴	1918 - 1945
最終階級	陸軍少将

F機関　インド独立

藤原 岩市

生誕	1908年3月1日 日本 兵庫県
死没	1986年2月24日（77歳没）
所属組織	大日本帝国陸軍 陸上自衛隊
軍歴	1931 - 1945（日本陸軍） 1955 - 1966（陸自）
最終階級	陸軍中佐（日本陸軍）

おわりに

大東亜共栄圏はアジア・中東各国の独立によって事実上確立され、開戦中に独立した各国は戦後になると、日本が必要とする資源を供給し、製品を購入してくれた。戦後の高度経済成長とは大東亜戦争によって中東を含むアジア各国が独立したことで担保されたのである。

アジアの解放は中近東・アフリカの独立へと発展し、アフリカの独立は米国における黒人解放へと繋がり、黒人解放は黒人大統領誕生へと繋がった。これを大勝利と言わずして何というのだ。

全植民地を失った欧州列強は後にEUとなる畿内共同体を設立し、縮小した経済を凌ぐこととなった。

神武東征・八紘一宇という国是神勅は大日本帝国を白人帝国主義を打倒するための国家として位置づけた。そして神勅・八紘一宇を実現するため帝国は大東亜戦争を発動、その結果、全ての有色人種は解放された。

大東亜戦争とは神勅国是たる八紘一宇を日本人がアジア独立軍を盟邦として白人軍と戦った聖戦であったということである。

大日本帝国はその聖戦を終えると、その役割を終えたとして自らを散らせた。大日本帝国こそが最大にして最強の特攻機であったと言うことだ。まさに見事なる桜花《さくらばな》である。

連合艦隊司令長官・山本五十六とはその散華した桜花《さくらばな》の最初の一片《ひとひら》である。靖国神社におわしまする山本五十六長官と英霊に感謝、そして、また感謝、さらに伏して感謝申し上げる。

参考

この考えはただの吾輩による空想、妄想と捉えられて結構である。

吾輩の先祖は安濃宿禰（アノウスクネ）である。伊勢国安濃郡の県造（知事）で、垂仁天皇（紀元前二九年—紀元後七一年）が皇女倭姫を伊勢へ使わせて、天照大御神（八咫鏡）を宮外に祀る時、その地を伊勢に定められることに尽力したお方である。そのお宮が後の伊勢神宮である。

垂仁天皇は出雲にもお宮を造られたが、その時も安濃宿禰の子孫が出雲に移住し、出雲安濃郡を形成した。また桓武天皇の第四皇女はその名を安濃内親王（？—八四一年）という。

安濃宿禰は元祖陰陽師とも言われており。そのようなお方を先祖に持つせいか、吾輩は幼少の頃から霊感が強く、亡霊や予知夢をよく視てきた。そんな吾輩が感性として最近感じていること、それは「大和民族によるアジア解放は神武東征からプログラムされていた」のではないかという事象である。その歴史的流れを図にしてみたのが次図である。

参考までに載せておく。

日本が高度経済成長
独立したアジア・中東・アフリカ各国が日本へ資源を輸出し日本製品を輸入、事実上大東亜共栄圏が出現
欧米植民地の独立
人種平等の実現
黒人解放運動の覚醒
黒人大統領の誕生
核兵器の封印
欧米植民地の喪失とEUの結成
APECの誕生
現地日本軍がアジアを独立させる。独立したアジア各国の独立日時と首班
1943年8月1日 ミャンマー バー・モウ
1943年10月14日 フィリピン第二共和国 ホセ・ラウレル
1943年10月24日 自由インド仮政府 チャンドラ・ボース
1945年3月9日 ベトナム帝国 バオ・ダイ帝
1945年3月12日 カンボジア王国 ノロドム・シアヌーク国王
1945年4月8日 ラオス王国 シーサワーン・ウォン国王
1945年8月17日 インドネシア共和国 スカルノ
現地日本軍は占領した欧米植民地に独立軍を育成、武装化した。
古事記・日本書紀
国学
尊皇攘夷と薩英・馬関戦争
大東亜戦争（アジア独立戦争）

神武東征から有色人種解放、高度成長経済への道

謝辞

本書の執筆は苦難の連続であった。書くのが辛くて投げだそうかと何度も思った。しかし、結局、山本五十六という巨象をアジア解放者として描くことができたと思う。

執筆中はいつも山本長官の霊魂が自分に寄り添っているような感触を覚えていた。吾輩が書くべきものを指導してくださっていたと思う。

山本五十六先生は今も戦い続けている、吾輩を指導しながら歴史戦という修羅場を戦い続けている。

ありがとう、山本五十六先生、ありがとう英霊の皆様。

そして、ありがとう展転社の皆様。ありがとう、写真と記事を提供してくれた故吉岡政光氏とジェイソン・モーガン博士、そして高橋光一君。

安濃豊

令和六年八月十五日（終戦の日）　札幌中島公園の寓居にて

安濃豊（あんのう　ゆたか）

昭和26年12月8日（真珠湾攻撃の日）札幌生れ。北海道大学農学部農業工学科卒業。農学博士（昭和61年、北大農学部より学位授与、博士論文はSNOWDRIFT MODELING AND ITS APPLICATION TO AGRICULTURE「農業施設の防雪風洞模型実験」）。

総理府（現内閣府）技官として北海道開発庁（現国土交通省）に任官。

昭和60年、米国陸軍寒地理工学研究所研究員、ニューハンプシャー州立大学土木工学科研究員。マサチューセッツ工科大学ライト兄弟記念風洞研究所にて日本人混相流体学者として初の研究講演。平成元年、アイオワ州立大学（Ames）航空宇宙工学科客員研究員（研究テーマは「火星表面における砂嵐の研究」）、米国土木工学会吹雪研究委員会委員。平成6年、NPO 法人宗谷海峡に橋を架ける会代表。平成12年、ラヂオノスタルジア代表取締役、評論家、雪氷学者、ラジオパーソナリティー。

安濃が世界で初めて発明した吹雪吹溜風洞は国内では東京ドーム、札幌ドームの屋根雪対策、南極昭和基地の防雪設計、道路ダム空港など土木構造物の防雪設計に、米国では空軍基地、南極基地の防雪設計、軍用車両・航空機の着雪着氷防止、吹雪地帯での誘導兵器研究に使用されている。

主な著書に『大東亜戦争の開戦目的は植民地解放だった』『絶滅危惧種だった大韓帝国』『日本人を赤く染めた共産党と日教組の歴史観を糾す』『哀愁のニューイングランド』『アジアを解放した大東亜戦争』『ハルノートを発出させたのは日本か』『吾輩は猫ではない、宇宙人である』（いずれも展転社）がある。

花輪和一（はなわ　かずいち）

1947年、埼玉県生まれ。71年に『月刊漫画ガロ』に「かんのむし」を発表して漫画家デビュー。94年に銃刀法違反で逮捕され、翌年実刑判決が下される。97年に仮釈放。2000年、刑務所内の生活を描いた『刑務所の中』を発表する。著書に『天水』『護法童子』『不成仏霊童女』『ニッポン昔話』『刑務所の前』などがある。

山本五十六がアジアを解放した

令和六年十二月八日　第一刷発行

著　者　安濃　豊
発行人　荒岩　宏奨
発　行　展　転　社
〒101-0051　東京都千代田区神田神保町2-46-402
TEL　〇三（五三一四）九四七〇
FAX　〇三（五三一四）九四八〇
振替〇〇一四〇―六―七九九九二
印刷製本　中央精版印刷

ISBN978-4-88656-583-9

てんでんBOOKS

[表示価格は本体価格（税込）です]

大東亜戦争の開戦目的は植民地解放だった 安濃豊

●大日本帝国は開戦時に「政府声明」を発表し、開戦目的の一つがアジアの植民地解放であることを明確に謳っていた！ 1540円

戦時青年、ただに讃へむ 野口次郎

●大東亜戦争時、悲壮な決意をもって戦場へと馳せ参じ、自らが弾丸となって散っていった青年たちがいた。 1870円

BC級戦犯の愛と死 朝野富三

●海軍大尉・片山日出雄はラバウルで処刑されるまで死とどう向き合い、生きたのか。周辺の戦犯たちの群像と共に描く。 1760円

防衛庁内局から敵視された自衛官の回顧録 柿谷勲夫

●日本では自衛隊の社会的地位が低すぎる。国民に軍事や兵役を理解してもらうため、陸上自衛隊での体験を語る。 1760円

昭和留魂録 朝野富三

●1145名の処刑・死亡の全記録！BC級戦犯として刑場の露と消えた方々の名簿を作成し、埋もれた記憶を蘇らせる。 2420円

日本民族の叙事詩 西村眞悟

●悠久の歴史につらぬかれた民族の叙事詩を取り戻し、復古という革新に向かわなければならない！ 2530円

硫黄島の戦いの記憶 磯米

●硫黄島の戦いで散華した人々の生きざまが熱い！西竹一、市丸利之助、和智恒蔵の生涯をマンガで描く。 1980円

昭和は遠くなりにけり 髙橋利巳

●奇跡的に目覚ましい復興を成し遂げたが、侵略国家の汚名を着せられ、GHQの洗脳工作により日本人は魂を失った。 1650円